荣耀之重
暨其他演讲
THE WEIGHT OF GLORY
AND OTHER ADDRESSES

【英】C.S.路易斯 著　邓军海 译注　普亦欣 校

华东师范大学出版社
上海

华东师范大学出版社六点分社　策划

谨以此译献给终生劬劳的

父亲母亲

目　录

译文说明 / 1

前言 / 1

一　荣耀之重 / 1

二　战时求学 / 36

三　我缘何不是和平主义者 / 59

四　高下转换 / 95

五　神学是诗？ / 128

六　话圈内 / 162

七　和而不同 / 181

八　论赦免 / 208

九　说漏了嘴 / 215

上帝・灾难・生活
　　——邓译《荣耀之重》读后　杨　伯 / 229

译后记 / 272

译文说明

1. 凡关键词,竭力统一译名;无其奈间一词两译,则附注说明。无关宏旨之概念,酌情意译;

2. 凡关键字句,均附英文原文,一则方便对勘,二则有夹注之效;

3. 凡路易斯称引之著作,倘有中文译本,一般不再妄译;

4. 严几道先生尝言,迻译西文,当求信达雅。三者若不可兼得,取舍亦依此次第,先信,次达,再次雅;

5. 路易斯之文字,言近而旨远,本科生即能读通,专家

教授未必读透。拙译以本科生能读通为60分标准,以专家教授有动于心为80分标准;

6. 为疏通文意,亦为彰显路易斯之言近旨远,拙译在力所能及之处,添加译者附注。附注一则可省却读者翻检之劳,二则庶几可激发读者思考;

7. 凡译者附注,大致可分为四类:一为解释专名,一为疏解典故,一为拙译说明,一为互证对参。凡涉及专名之译注,均先查考工具书。不见于工具书者,则主要根据"英文维基百科"。凡译注中的圣经文字,均出自和合本;

8. 凡路易斯原注,均加【原注】之类字符予以说明。凡未加此类说明之脚注,均系译注;

9. 为方便阅读,拙译在每段段首,都添加【§1. 开场】之类字符。标示原文段落及其大意。大意系译者管见,仅供读者诸君参考;至于段数,只是为了方便诸君查考原文,以斧正拙译。诸君如若发觉此等文字有碍阅读,打断原著之文脉,略去不读即可;

10. 老一辈翻译家迻译西文,大量作注,并添加大意之类文字,颇有"导读"之效。拙译有心效法。倘若拙译之效法,颇类东施效颦,意在"导读"反成误导,则罪不在西施,罪

在东施;

11. 此书些许篇目,何可人与汪咏梅合译《从岁首到年终》(华东师范大学出版社,2006)及曾珍珍译《觉醒的灵魂》(校园书房,2013),均有摘录。信仰之门网站,亦曾刊布白陈毓华的几篇译文。前译过人之处,拙译一律借鉴,不再徒逞智巧;

12. 路易斯之书,好读难懂,更是难译。凡拙译不妥以至错讹之处,敬请诸君指正。不敢妄称懂路易斯,但的确爱路易斯。故而,诸君斧正译文,乃是对译者之最大肯定。专用电邮:*cslewis2014@163.com*

前　言
(1949)
Preface

这本书收录的，大都是新近那场战争及战后两三年我所作的演讲。这些文章之撰写，都是应个人约请，且是为特定听众，没想过后来出版。结果就是，有那么一两处看上去是在重复我书中的句子，尽管其实是先有它们。请我编此集子时，我曾预想，可以去掉这些重复。可是我想错了。有些时候（这个时候不必总是很远），文章毫不含糊地属于过去，即便是作者本人做些改动，也难免感到他正在造假。写作这些篇目的那个年代，对于我们所有人来说，都是个异常。尽管我并不认为，它所包含的一些个信念我已有所改变,但我现在的确无法重新捕捉当时的写作氛围。更何况,那些想有个定本的人,也不乐意大杂烩。因而,看起来最好就是做点文字校对之后,就随它去吧。

我得感谢基督教知识普及学会(S. P. C. K.)及学生基督教运动(S. C. M.),①还得感谢《大公》(Sobornost)杂志社,感谢它们分别惠允在此重刊《荣耀之重》、《战时求学》与《和而不同》三文。《话圈内》一文在此首刊。《高下转换》一文的另一个版本,刊登在米兰的一份杂志(Rivista)。该文本为此而写,后译为意大利文刊登。

---

① S. P. C. K. 乃 Society for Promoting Christian Knowledge 之缩略语。S. C. M. 乃 Student Christian Movement 之缩略语。

一　荣耀之重[①]

(1941)

The Weight of Glory

【译按】"一片芳心千万绪,人间没个安排处。"人心中总有一丝难以平抚的渴欲,尘世不能满足。这是人的古老心病。路易斯曾设问,鱼儿岂会埋怨海水潮湿?假如鱼儿埋怨海过于潮湿,那就说明鱼儿并非永远是水生动物。同理,这份心病也许约略表明,唯物之宇宙,并非我们之所从

[①] 1941年6月8日,路易斯应牛津大学圣玛利亚教堂(Church of St. Mary the Virgin)牧师 Canon T. R. Milford 之请,在这座建于12世纪的教堂的晚课上作此最为著名的演讲。此文首刊于《神学》(*Theology*)第43卷(1941年12月)。1942年,基督教知识普及学会(S. P. C. K.)则以小册子单独出版。

来。理解荣耀，正当由此开始。

【§1. 德性伦理的古今之变】

当今之世，你若问二十位好人，至德(the highest of the Virtues)是什么，十九个都会说是"无私"(Unselfishness)。可是，你若以同一问题，问古代的伟大基督徒，几乎每一位都会说是"爱"(Love)。① 你该明白是怎么回事了吧？一个否定语词(a negative term)取代了肯定语词(a positive)，这可不是一个语词变换问题。② 因为"无私"这一否定性观念，带着这样一个暗示，即首要之务并非为他人谋求好处，而是自己不图好处，仿佛我们的"禁欲"(abstinence)而非他

---

① 在《魔鬼家书》第26章，路易斯藉大鬼之口说，德性伦理的这一古今转变，是魔鬼的一大成就："我们的语言学部队把仇敌主动的仁爱(positive charity)替换为被动的无私(negative unselfishness)，再次取得绝佳效果。凭着这一点，你在一开始就可以教导一个人弃自己的利益不顾，不是因为别人得到这些利益后会感到幸福，而是因为舍弃这些利益会让他显得很无私。这是我们取得的一个重大成果。"（况志琼、李安琴译，华东师范大学出版社，2010，第101页）这一古今之变所带来的灾难性的后果，该章做了出色发挥。

② 沃格林《没有约束的现代性》（张新樟、刘景联译，华东师范大学出版社，2007）："整个西方世界都应当为'利他主义'(altruism)这个词而感谢孔德，这个词是基督教的'爱'的世俗代用词。利他主义是这样一个观念的基础：人们之间没有共同父亲的兄弟关系。"（第68—69页）

人之"幸福"(happiness)才是重点所在。我并不认为,这就是基督教之"爱"德(virtue of Love)①。新约圣经多处讲到克己(self-denial)②,却从未说克己本身就是目的。③ 圣经告诉我们,克己并背起自己的十字架,为的是我们可以追随基督;而且,关于我们若追随基督最终会找寻到的东西,圣经里的每条描述,几乎都包含着激发渴欲(an appeal to desire)④。假如现代人心里蠢蠢欲动的是这一观念,即,渴欲我们自身之好处并热切希望乐享(enjoy)此好处是件坏事,

---

① 基督教有三圣德之说,即信(Faith)、望(Hope)和爱(Charity),故而此处将 virtue of Love 一语,译为"爱德"。

② self-denial,一般汉译为"自我否定",拙译藉"克己复礼"、"学圣贤克己功夫"之语意译。

③ 视基督教为禁欲主义,实乃泼脏水。对此,路易斯在《返璞归真》卷三第5章谈"性道德"时,有详细辨析。其中说:"我知道一些糊涂的基督徒言谈之间给人一种感觉,仿佛基督教视性、身体、快乐本身为恶,这是错误的。在各大宗教中,基督教几乎是唯一一个彻底肯定身体的宗教。基督教相信物质是善的,上帝自己就曾经以血肉之躯来到世间,甚至将来在天国,上帝也会给我们以某种形式的身体,这个身体将是我们的幸福、美和活力必不可少的一部分。基督教对婚姻的赞美超过了一切其他的宗教,世界上几乎所有伟大的爱情诗篇都出自基督徒之手。如果有人说性本身是恶的,基督教会立刻予以反驳。"(汪咏梅译,华东师范大学出版社,2007,第104—105页)

④ desire 一词,既可译为"欲望",亦可译为"渴望"。译为欲望,很难凸显其动词用法;译为渴望,又遗漏了其中"欲"的成分。为求全,译为"渴欲"。

那么我要说,此观念乃康德①及斯多葛学派②暗度陈仓,并非基督信仰之一部分。说实在的,假如我们虑及,福音书中毫不讳言奖赏之应许(promises of reward),奖赏还大得惊人,那么,我们就会看到,我们的主发现我们的渴欲(desires)并非过强,而是过弱。我们是三心二意之被造,当无

---

① 路易斯在《痛苦的奥秘》(*The Problem of Pain*,1940)一书之第六章,曾专门讨论康德的伦理学。其中说:

康德认为,除非所做的事纯然是出于对道德律的尊敬,即没有个人的爱好,不然就没有道德价值;他因此被指有"病态心境",因为他以行动的讨厌程度来衡量道德的价值。可是,所有的舆论都在康德的一边。人们从来不欣赏有人做他喜欢的事;"他愈喜欢"竟意味着"因此它没有价值"。只是显而易见的真理反驳着康德,这是亚里斯多德早就注意到的,即愈有德行的人愈能欣赏道德的行为。(邓肇明译,香港:基督教文艺出版社,2001,第94页)

我们同意亚里斯多德的见解,本质上对的事很可以是令人惬意的,而人愈好愈喜欢去做这样的事。但是就康德所说,堕落了的受造物除非感觉到这种正确的行为——交付自己——是不愉快的,不然是不会尽心尽意去做的,我们也颇有同感。(同上,第95页)

② 斯多葛学派(the Stoics,亦译"斯多亚学派"),希腊化时期(公元前334—前30)和罗马帝国时期(公元前30—476)的哲学学派,同伊壁鸠鲁学派和怀疑学派并列。在伦理学上,斯多葛学派一般与伊壁鸠鲁学派并提。伊壁鸠鲁学派一般与快乐主义相联,因为它"赋予快乐以核心地位,认为所有动物一旦出生,就即刻开始寻求快乐,将快乐奉为最大的善,将痛苦当做最大的恶"。(安东尼·肯尼《牛津西方哲学史》第一卷,王柯平译,吉林出版集团,2014,第331页)斯多葛学派则几乎反其道而行,它认为动物的第一冲动不是寻求快乐,而是自我保存。故而,人需师法自然,需清心寡欲:"斯多葛学派的理想是摆脱激情或无动于衷。"(梯利《西方哲学史》,葛力译,商务印书馆,1995,第121页)

限之喜乐(joy)馈赠给我们时,我们却耽溺于酒、性以及野心,恰如一个无知孩童,他情愿在贫民窟继续玩泥巴,因为他无法想象,海边度假的机会到底意味着什么。我们实在太容易心满意足了。

【§2—4. 奖赏并非全是交易】

不信基督的人常会说,这种奖赏应许,使得基督徒生活成了一场交易(a mercenary affair)。我们不必为此困扰。因为奖赏有好几类。有一类奖赏,跟你孜孜以求的事物没有天然联系,而且还和理应伴随这些事物的那些渴欲(desire)扞格不入。金钱并非爱情的天然奖赏;因此,一男子为了钱而娶一女子,我们就会称他在做交易。可是,婚姻确实是对真爱之人的正当奖赏(proper reward),他渴欲婚姻,就不算是交易。一位将军,为了封侯而英勇作战,就是做交易;为了胜利而打仗,就不是交易。胜利乃战争之正当奖赏,恰如婚姻乃爱情之正当奖赏。正当奖赏,并非只是赢得奖赏的活动之附加物,而是活动本身之圆成(consummation)。不过还有第三类奖赏,情况略显复杂。乐享希腊诗歌,当然就是学习希腊语之正当奖赏,而非交易;但是只有那些已达乐享希腊诗歌水平的人,由自己的亲身体会,才会说正是如此。刚起步学希腊文法的学童,不大可能像情人展望婚姻或将军展望胜利那样,展望他成年时乐享索福克勒斯。① 起始之时,他不得不考分,以免受责罚,或讨父母欢喜,或者充其量,是为了一个他目前还无法想象或渴欲的未来美好愿景。因而,他此时之景况与交易有些类似;尽管他将要得到的奖赏,将实实在在的是天然奖赏或正当奖赏,但是在得到之前他并不知道。当然,他是逐渐获取奖赏(reward);乐享(enjoyment)萌发于辛劳之中,无人能够指出何日何时辛劳结束乐享开始。不过,正是趋近奖赏之时,他才能够为奖赏而渴欲奖赏(desire it for its own sake),这种渴欲能力本身就是一种初步奖赏(a preliminary reward)。

论到天堂,基督徒之景况与此学童极为相似。那些因眺见神而得永生的人,无疑深知,天堂并非贿赂,而是他们尘世门徒生涯之圆成;我等未臻此境之人,无法以同样方式得知这一点。而且,除非藉由不断之顺服(obedience),并进而在我们越来越有能力渴欲终极奖赏(to desire the ultimate reward)之中,得到初步奖赏(the first reward),否则,

---

① 索福克勒斯(Sophocles,约公元前497/6—前406/5),古希腊三大悲剧家之一。

我们根本无由得知。随着这一渴欲之加增，我们对它或恐是利欲的担忧，便渐行渐消，最终明白这想法着实荒谬。然而，对我们绝大部分人而言，这不会一日之内完成；诗歌取代文法，福音取代律法，憧憬转化顺服（longing transform obedience），乃渐次之事，恰如海浪渐次托起搁浅船只。

不过，我们跟学童之间，还有一项重要的相似之处。倘若他是个富于想象的孩子，他极可能会陶醉于适合自己年龄的英语诗人及传奇作家，一段时间过后，才开始隐约觉察，希腊文法将带给他越来越多的同等享受（enjoyment）。他甚至会怠慢希腊人，偷偷阅读雪莱①及斯温伯恩②。换言之，希腊人将会真正满足的那丝渴欲，已经在他心中，附着于一些对象（objects）上面。这些对象在他看来，跟色诺芬③及希腊文法无关。假如我们原本为天堂而被造，我们心中就已有了对"得其所"（our proper place）之渴欲，只不

---

① 雪莱（Percy Byshee Shelley，1792—1822），英国浪漫派大诗人，与拜伦齐名。
② 斯温伯恩（Algernon Charles Swinburne，1837—1909），英国诗人，文学评论家。
③ 色诺芬（Xenophon，约公元前430—前354），古希腊历史学家、作家，苏格拉底之弟子。

过尚未附着于真正对象(true objects),甚至还和真正对象相互争竞。我想,这正是我们察觉到的。无疑,有那么一点,使我的类比失效。学童应做希腊文法练习之时,所读英文诗歌,可能跟希腊文法练习引他走向的希腊文诗歌一样地好,因而,以弥尔顿①为鹄的而不航向埃斯库罗斯②,他的渴欲并未找错对象。可是,我们的情形就不同了。假如恒常之至善(transtemporal, transfinite good)③就是天命,那么,我们一门心思渴欲的任何其他的善,必然在某种程度上是靠不住的(fallacious),它与那真正会满足我们的对象,充其量只具有象征关系(symbolic relation)。④

---

① 约翰·弥尔顿(John Milton, 1608—1674),英国诗人,政论家。其代表作《失乐园》,与《荷马史诗》及《神曲》齐名,并称西方三大诗歌。
② 埃斯库罗斯(Aeschylus,约公元前525/524—前456/455),古希腊三大悲剧家之一。
③ 藉《礼记·大学》里"大学之道,在明明德,在亲民,在止于至善"之语意译。
④ 路易斯在《返璞归真》卷四第1章,区分了"生理的生命"(biological life)和"灵性的生命"(spiritual life)。他分别称之为Bios和Zoe:"生理的生命循自然的途径来到我们里头,因此像大自然中其他事物一样,总会衰残、枯竭,要靠大自然中的空气、水和食物等等来不断补充。我把这生命叫做Bios(尘生),灵性的生命乃从永远而来,存在上帝里头,这生命创造了整个自然宇宙,我把这生命称之为Zoe(永生)。尘生多少带有一点永生的样子,像影子,不过,充其量也只是照片之于风景,或者雕像之于人。一个人要从'尘生'进到'永生'须经历一个转变,就像要将石像转变为真人般的大转变。"(余也鲁译,香港:海天书楼,2000,第127页)

【§5—6. 企求天堂，只因此地并非天堂】

谈说这份对自己那方遥远国度的渴欲（this desire for our own far-off country），甚至你我此刻心中即能找到的这份渴欲，我感到有些情怯，甚至有些下作。因为，我是在试图揭开各位心中的那桩难以平抚的秘密（inconsolable secret）①——这桩秘密深深刺痛了你，以致你出于报复，称其为乡愁（Nostalgia）、浪漫情愫（Romanticism）或少年意气（Adolescence）。这一秘密，既令人心碎又令人心醉，以至于每次贴心对谈之中，正当呼之欲出，我们又吞吞吐吐，不禁哑然失笑。我们说也不是藏也不是，尽管我们既想说出又想隐藏。无法说出，因为它是对从未出现于我等经验之中的某种事物之渴欲（desire）；无法隐藏，则因为我们的经验不时暗示它，我们就像个恋人，一提到某个名字，便没法若无其事。最为常见的权宜之计就是，称它为"美"（beauty），以为这样就

---

① 路易斯所说的这种"inconsolable secret"，重现于本文第 11 段末。在《黑暗之劫》（*That Hideous Strength*）第 15 章第 1 节，路易斯将此称为"the inconsolable wound with which man is born"，杜冬冬之中译本译为"与生俱来、无药可救的伤口"（译林出版社，2011，第 348 页）；在《惊喜之旅》（*Surprised by Joy*）第 5 章，路易斯将"喜乐"（Joy）视为一种"inconsolable longing"（难以平抚的期盼）；在《痛苦的奥秘》第 10 章，路易斯说我们每个人都有一份秘密的欲望（secret desire）。

有了个了断。华兹华斯(Wordsworth)的权宜之计是,把它等同于自己过去的某些时光。这一切,都是自欺欺人。就算华兹华斯真的回到了过去的那些时光,他找到的也不是事情本身(the thing itself),而只是其提示物(reminder);他所记住的,到头来本身还只是桩记忆(remembering)。我们以为美就在其中的那些书籍或音乐,一旦信靠它们(trust to them),也会辜负我们;它不在(in)它们之中,只是经由(came through)它们,它们给我们带来的是对它的憧憬(longing)。① 这些事物——美,自己过去之回忆——是我们所真正渴欲之物的好意象(good images);假如它们被误认为是事情本身(the thing itself),它们就会变成又聋又哑的偶像(dumb idols),令其崇拜者心碎。② 因为它们并非事情本

---

① 美是津梁,而非归宿。这几乎是基督教的通见。西蒙娜·薇依(Simone Weil)曾说:"凡是在我们身上唤起纯净真实的美的感情的东西中,必有上帝的在场。在尘世中有一种类似上帝肉身化的东西,而美则是其标志。"(《重负与神恩》,顾嘉琛、杜小真译,中国人民大学出版社,2003,第151页)"我们喜爱世界的美,因为在它背后,我们感觉到某种堪与智慧相比的东西存在,我们希望自己也拥有这种智慧,以便使我们对善的意愿得到满足。"(《扎根:人类责任宣言绪论》,徐卫翔译,三联书店,2003,第7页)

② 《罗马书》一章21—23节:"他们虽然知道神,却不当作神荣耀他,也不感谢他。他们的思念变为虚妄,无知的心就昏暗了。自称为聪明,反成了愚拙;将不能朽坏之神的荣耀变为偶像,仿佛必朽坏的人和飞禽、走兽、昆虫的样式。"

身；它们仅仅是我们还未见过的花的香气，从未听过的曲调的回响，是我们从未造访过的国度传来的消息。① 你是否以为我就像在编织咒语（spell）？也许是吧。不过，请想想你读过的童话故事。咒语一则用来解除魅惑，一则用来施加魅惑。你我都需要所能找到的最强有力的咒语，以便从加在我们身上将近百年的世俗魅惑（evil enchantment of worldliness）中苏醒过来。我们的全部教育，几乎全都旨在压制这一羞怯而又固执的内心呼喊；几乎所有的现代哲学，都处心积虑地说服我们，人类之美好（good of man）可以在尘世找到。值得一提的是，进步论或创造进化论②之类哲学，本身反倒见证了这一真理，即我们的真实目标其实在别

---

① 路易斯《飞鸿22帖》第17帖："一个人必须先学会走路，再学跑步，学习敬拜也是一样。我们（至少我）如果没有学会透过低微的东西来崇拜神，就不懂得在巍峨的层次敬拜祂。顶多，信心和理智会告诉我们：神是配得尊崇的，但我们却不会亲身体验、亲眼看见祂是如此的一位神。树林中的任何一小片阳光都会向我们展示太阳的一些性质。那些单纯、自然涌发的欢愉，是在我们经验树林中的'片片神光'。"（黄元林等译，台北：校园书房，2011，第154页）

② 路易斯在《返璞归真》卷一第4章里说，关于"关于宇宙究竟是什么"，有两个对立的观点：一为唯物主义的观点，一为宗教的观点。处于二者之间的，则是"生命力哲学"（Life-Force philosophy）、"创造进化论"（Creative Evolution）或"层创进化论"（Emergent Evolution）："萧伯纳在其著作中对这种观点进行了最巧妙的解释，但是解释得最深刻的（转下页注）

处。当他们想要说服你,尘世就是你的家,请注意他们是如何着手的。他们一开始,试图说服你,尘世可以变为天堂,因而诱你在尘世心生放逐之感。接着,他们告诉你,这一幸事(fortunate event)在遥远之未来,因而诱你心生认识,故园(fatherland)不在斯世斯地。最后,为防止你对自有永有者(the transtemporal)心生憧憬,这样就会唤醒你并进而坏了他们的事,他们随手操起修辞,确保你不回过头来想:即便他们所许诺的全部幸福都会降临尘世之人,每一代人依然因终有一死而失去它,包括最后一代人,因而全部故事终将归于虚无,甚至连个故事都不是。这一派胡言,体现在萧

(接上页注)是柏格森的著作。持这种观点的人说,地球这颗行星上的生命经过细微的变化从最低级的形式'进化'到人,这些细微的变化不是出于偶然,而是出于一种生命力的'努力'(striving)或'有目的性'(purposiveness)。"(汪咏梅译,上海:华东师范大学出版社,2007,第 40 页)路易斯说,这种哲学的吸引力至少在于:"它给人很多由信仰上帝而来的情感安慰,但又不会给人带来任何不愉快的结果。在你身体健康、在阳光照耀、你不愿意相信整个宇宙只是原子的机械跳跃的时候,能够想象这种巨大的神秘力量历经数个世纪不停地涌动向前,将你推上它的峰巅是一件愉快的事。另一方面,如果你想干什么卑鄙的事,这种盲目的力量、没有任何道德观和思想的生命力永远不会像我们小时候知道的那个爱找麻烦的上帝那样干涉你。这种生命力是一种顺服的上帝,想要的时候你可以开启它,但是它不会打扰你,你可以享有宗教给予人的一切兴奋而不必付任何代价。这种生命力岂不是有史以来最佳的异想天开的杰作?"(同前,第 41 页)

伯纳先生笔下莉莉丝(Lilith)临终演讲中,①亦体现在柏格森的这一观点,即生命冲动(élan vital)②能够跨过所有障碍,甚至跨越死亡——仿佛我们能够相信,这一星球上的任何社会进步或生物进化,将延迟太阳之老化或推翻热力学

---

① 萧伯纳(George Bernard Shaw,1856—1950),英国剧作家,1925年诺贝尔文学奖得主。路易斯撰写此文时,萧伯纳尚在世,故称先生;柏格森已过世,故不称。莉莉丝(Lilith)临终演讲,见萧伯纳的剧作《千岁人》(*Back to Methuselah*,1921):"Of Life only there is no end; and though of its million starry mansions many are empty and many still unbuilt, and though its vast domain is as yet unbearably desert, my seed shall one day fill it and master its matter to its uttermost confines. And for what may be beyond, the eyesight of Lilith is too short. It is enough that there is a beyond."萧氏此著,早在1936年,商务印书馆即出版胡仁源之中译本。因年代久远,暂未找到此著,故而不敢妄译。路易斯的《沉寂的星球》(*Out of the Silent Planet*,1938)第20章,科学狂人韦斯顿对金星守护神奥雅撒的长篇演讲,则是萧伯纳生命哲学之翻版。详见马爱农译本(译林出版社,2011)第191—195页。

② 尼古拉斯·布宁、余纪元编著《西方哲学英汉对照辞典》(人民出版社,2001)释"生命冲动"(*élan vital*):

[在法文中,élan表示"力量"或"冲动"]这是法国哲学家H.柏格森使用的一个中心概念,在《创造的进化》中引入并被译成"生命冲动"或"活的冲动"。柏格森受到达尔文进化论的影响,但认为进化不可能是一个随机的自然选择过程。他论证说,这个理论无法解释为什么生物进化导致越来越大的复杂性。因此,他假定有一种在进化过程之下并决定它的生命冲动的存在。生命冲动是一种不能被科学解释的力量,但它充斥于整个自然并以无数的形式来表现自己。它推动着自然,去进化到新的、不可预见的有机结构形式里;由此而使进化成为一个创造的而不是机械的过程。柏格森否认他引入"生命冲动"是为了将它当做一个理论存在物,以便使进化成为目的论意义上的过程;他所主张的倒是,生命冲动最完全地表现在人类理智中。因此,人类理性是进化的最高层次。

第二定律①。

任他们怎么说,我们依旧意识到一种渴欲,是任何天然快乐(natural happiness)都无法满足的。② 然而,是否还有理由去假定,实存(reality)会对此渴欲提供满足?"感到饥饿并不证明我们有面包。"③然而我想,这并没说到点子上。人肚子饿,是并不证明他将得到面包;漂流大西洋,会饿毙。不过,人之饥饿,确实证明了他这一族类藉摄食补养身体,他居于其中的世界存在着可食之物。同理,尽管我并不相

---

① 热力学三大定律之一。表述的是热力学过程的不可逆性:孤立系统自发地朝着热力学平衡方向——最大熵(Maximum Entropy)状态——演化。说得稍微通俗一点,一切自然过程总是沿着分子热运动的无序性增大的方向进行。

② 路易斯在《返璞归真》卷三第 10 章里说,对天国(Heaven)之渴望,并不仅仅是为了与故友重逢。每个人假如返身而躬,总会发现自己隐秘渴望之物,究其实都是尘世所无。无论我们的生活如何令人钦羡,遑论那些生活悲惨之人:"大多数人,他们若真正学会省察内心,就知道自己渴望、强烈地渴望某个在此世不能拥有的东西。……妻子可能是好妻子,宾馆、风景可能无可挑剔,从事化工可能是一份很有趣的工作,但是我们总感觉缺了点什么。"(汪咏梅译,上海:华东师范大学出版社,2007,第 137 页)他在《痛苦的奥秘》第 10 章说:"这种秘密的欲望(this secret desire)……这种满足更加是——在任何经验中都一直拒绝完全显身。无论你认为它是什么,结果总不是它,而是一些别的事。"(邓肇明译,香港:基督教文艺出版社,2001,第 146 页)

③ 原文为"Nor does the being hungry prove we have bread",典出马修·阿诺德诗作《恩培多克勒在埃特纳火山》(*Empedocles on Etna*, 1952)第一场第 2 幕。路易斯之引文,与阿诺德原诗文略有出入。

信(我倒希望自己相信),我对天堂之渴欲(desire)就证明了我将乐享天堂,但我认为,这一渴欲是一个很好的迹象,表明天堂存在,有人将乐享它。① 一男子可能爱一女子,却不会赢得她的芳心;可是,假如所谓的"坠入爱河"这一现象,发生在一个无性世界,那才是咄咄怪事。②

---

① 路易斯曾设问,鱼儿岂会埋怨海水潮湿?他说:"鱼会对海埋怨说你怎么是潮湿的吗?如果鱼会这样埋怨,岂不恰足以大大证明,鱼并非一迳都是——或者不会永远是——水栖动物?如果你真的是唯物宇宙的产物,你置身其内,又为什么会觉得浑身不自在呢?"(见《觉醒的灵魂1:鲁益师谈信仰》,曾珍珍译,台北:校园书房,2013,第33页)

② 路易斯在《返璞归真》卷三第10章中说到,我们每个人心中都有一份隐秘渴望,尘世无法满足。正因尘世无法满足,于是就有了三种生活方式。两种错误,一种正确。两种错误的生活方式是:(1)愚人的方式:逐物,以为另换个尘世对象就会满足这份隐秘渴望;(2)"大彻大悟的'聪明人'的方式":知足常乐,以为年轻人总会追求那些可望不可即的东西。

而基督徒则坚信,渴望既然天生本有,定然不是非分之想。在尘世可望不可即,就说明她本不属于尘世。人生并不如梦,因为尘世略嫌虚幻之美好,正接引天国之永恒。故而,对尘世美好,一则要珍视要心存感恩,一则不可"乐不思蜀":"这些渴望若无从满足,造物就不会生来具有这些渴望。婴儿感到饥饿,就有食物这种东西存在;小鸭想游泳,就有水这种东西存在;人有性欲,就有性这种东西存在。我若发现自己心中的一个渴望此世万事万物都无法满足,最可能的解释是:我是为了另一个世界而造。尘世上没有一种快乐能满足这种渴望,并不证明宇宙是场骗局,尘世大快乐可能原本并不是要满足它,只是要激起这份渴望,暗示那个真实的东西。果真如此,一方面我必须小心,永远不要鄙视尘世的幸福,不存感恩之心;另一方面,永远不要将它们误当作那个真实的东西,它们不过是摹本、回声或影子。我一定要在心中永葆对真实的故乡的渴望(这个故乡只有在死后才能找到),一定不要泯灭这份渴望或将它弃置一边,我生活的主要目的应该是不断地向那个故乡行进,并且帮助别人向它行进。"(汪咏梅译,华东师范大学出版社,2007,第138—139页)

【§7—8. 圣人立象以尽意】

这就是人心中的渴欲(desire),仍徘徊彷徨,拿不准其对象,仍大概上看不到此对象真正所在之方向。但是,关于此对象,我们的圣书给了些许说明。当然,那只是象征性说明(a symbolical account)。[①] 天堂,依定义,在我等经验之外;而一切可以理会的描述,却必定关乎我等经验之内事物。[②] 因而,恰如我等之渴欲独自为自个创造的图景,圣经中的天堂图景也是象征;天堂并非真的充满宝石,恰如它并非真的就是自然之美,或一首美妙乐曲。其间差别仅仅在于,圣书上的意象具有权威(authority)。它出自那些比我等更亲近神之人的手,而且经历了数世纪基督徒见证(Christian experience)之检验。这一权威意象,起初对我并无多大吸引力。

[①] 路易斯《返璞归真》卷三第10章:"圣经上所有的比喻(琴、冠冕、金子等)当然都只是象征,是力图以此来表达不可表达之事。圣经上提到乐器,是因为对很多人(不是所有的人)来说,音乐在此世最能让人联想到狂喜和无限,冠冕让人联想到永恒之中与上帝合一的人分享上帝的尊荣、能力和喜乐,金子让人联想到天国的永恒(因为金子不锈坏)和宝贵。那些从字面上理解这些象征的人倒不如认为,当基督教导我们要像鸽子时,他的意思是我们会下蛋。"(汪咏梅译,华东师范大学出版社,2007,第139页)"鸽子",典出《马太福音》十章16节:"所以你们要灵巧像蛇,驯良像鸽子。"

[②] 详参本书第4章《高下转换》。

乍看上去,它与其说唤醒我的渴欲,倒不如说令其冷却。这恰巧是我应预料到的。关于此遥远国度(the far-off land),倘若基督教能告诉我的,超不出我之气禀(temperament)令我能够忖度的范围,那么,基督教就不会比我自己高明多少。倘若它能够给我更多,那么可以预想,它不会像"到手的铜"(my own stuff)①那般立刻吸引我。对一个仅仅够得着雪莱的孩子,索福克勒斯初看上去索然无味(dull and cold)。假如我们的宗教是客观的(something objective),那么我们切莫因其中一些因素看上去令人困惑或拒人千里之外而转移视线。因为正是那令人困惑或拒人之处,才隐藏着我们尚且无知又需要知道的东西。

圣经中的应许大致可浓缩为五点。它应许:(1)我们要与基督同在;(2)我们会像祂那样;(3)用诸多意象(imagery)说明,我们会得"荣耀";(4)我们会得饱足(fed),或进入筵席(fasted),或得欢欣(entertained);(5)我们会在宇宙中拥有某种职位——主理城镇、审判天使、成为神殿柱石。② 关于这

---

① 民间有俗语:"隔手的金子不如到手的铜。"拙译本此。
② 《提摩太前书》三章15节:"倘若我耽延日久,你也可以知道在神的家中当怎样行,这家就是永生神的教会,真理的柱石和根基。"

些应许,我问的头一个问题是,"第一项不就足够,为何还要其他"?能与基督同在,将复何求?因为恰如一位古代作家所说,只拥有神的人,与既拥有神又拥有其他一切之人,没啥两样。我想,答案又取决于象征之本性(nature of symbols)。关于与基督同在,我们绝大多数人目前所能形成的任何理解,和其他应许一样,都是象征性的(symbolical)。尽管初看之时,我们注意不到这一点,但却是实情。因为一想到与基督同在,依我们目下对谈心(conversation)之了解,就会想到促膝对谈(proximity in space)和爱的私语(loving conversation),将可能专注于基督的人性方面,以至于排除了祂的神性方面。而且事实上,我们发现那些一门心思于头一个应许的基督徒,往往就用颇为尘世的意象来填充"同在"——事实上,用的是婚姻意象或情爱意象。我绝无谴责此类意象之意。我诚心希望并祈祷,我能更深入领会此类意象。只不过我要重点指出,这依然只是象征,在某些方面与实存(reality)相像,在另一些方面则否,因而需要其他应许之中的不同象征来补正。应许之多样,并非意味着除了神之外,还有其他事情能成为我们的极乐(ultimate bliss);只是因为神比人大,为防止仅仅根据我们现有的关于个人情爱的贫瘠经验，带着其偏狭、扭曲及单调，来想象祂临在之喜乐，故而，就提供了好几种变换的形象，以相互补正。①

【§9. "荣耀"有二义】

接下来说说"荣耀"(glory)这个观念。在新约全书和早期教会文献中，"荣耀"这个观念很是醒目，这是不争的事实。救恩往往跟棕榈树、王冠、白袍、宝座相关联，壮丽如太阳与群星。老实说，这一切对我并无直截的吸引力。就此而论，我纳闷我还真是个典型的现代人。②"荣耀"对我来说有两个意思：

---

① 路易斯在《痛苦的奥秘》第3章指出，就上帝对人的爱，圣经提供了如下几种相互补正的意象：1. 艺术家对其作品的爱；2. 人对动物的爱；3. 父亲对儿子的爱；4. 男人对女人的爱。

② 路易斯向来不以现代人自许，倒是以生活于现代的古代人自期。路易斯在剑桥大学的就职演讲《论时代的分期》(De Descriptione Temporum)中，曾以文化恐龙自许："诸位决不希望听一个尼安得塔尔人来向诸位作关于尼安得塔尔人的讲演，更不用说听一只恐龙来作关于恐龙的讲演了。然而问题是否就这么简单呢？假如现在有一只活的恐龙伸长了身体慢吞吞地爬进实验室来，我们大家在逃走的时候是不是都会掉过头去瞧一瞧它呢？多么好的机会呀！我们终于可以看见恐龙是怎样爬动的，可以看见它是个什么样儿，它有什么气味，它能够发出什么声音了！……有一件事是毫无疑问的：我非常愿意听一个古代雅典人，哪怕是一个愚蠢的雅典人，讲一讲希腊悲剧。他对于我们徒然探求的东西是非常熟悉的。连他自己也意识不到，他的一句偶然的话语就可能向我们指出多少年来一直被现代学者搞错的地方。"(文美惠译，见《二十世纪文学评论》下册，戴维·洛奇编，上海译文出版社，1993，第159—160页)而在路易斯生前所接受的最后一次访谈中，访谈者问他："由海明威、萨缪尔·贝克特及让-保罗·萨特之类作家所垂范的现代文学趋势，您会如何评价？"(转下页注)

要么意味着声名(fame),要么意味着光耀(luminosity)。前者近乎罪恶(wicked),后者近乎可笑。关于前者,由于出名意味着比他人更为人所知,渴欲声名在我看来就是一种争竞激情,因而属于地狱而非天堂。① 关于后者,谁又希望成为一种有生命的电灯泡呢?

【§10—12. 荣耀之第一义:声名】

不过当我着手探讨此事时,我大吃一惊。像弥尔顿、约翰逊②

(接上页注)他回答说:"在这一领域,我所读甚少。我并非一个当代学者(a contemporary scholar)。我甚至不是一个研究往古的学者(a scholar of the past),我是一个爱往古的人(a lover of the past)。"(见 C. S. Lewis, *God in the Dock*: *Essays on Theology and Ethics*, Walter Hooper, ed. Grand Rapids:Eerdmans,1970,p. 264. 拙译该书将由华东师范大学出版社出版)

① 《论语·八佾第三》:"君子无所争。"在《魔鬼家书》第18章,路易斯借大鬼 Screwtape 之口,说出上帝与撒旦的不同哲学:"整个地狱哲学的根基建立在一个公理之上,即此物非彼物、是己则非彼。我的好处归我,而你的好处归你。一个自我的所得必为另一自我的所失。……'存在'就意味着'竞争'"(况志琼、李安琴译,华东师范大学出版社,2010,第68—69页);"祂旨在制造一个矛盾体;万物既多种多样,却又莫名其妙地归于一体。一个自我的好处同样会让另一个自我受益。祂把这种不可能的事情称为'爱'"(同前,第69页)。

② 约翰逊博士(Samuel Johnson,1709—1784),英国诗人、评论家、传记作者、散文家和词典编纂者。他之闻名于世,不仅由于其著作,而且还由于其富有说服力的、机智诙谐的谈话。在整个英国文学范围内,莎士比亚之后,约翰逊也许是最著名、最经常被引用的一个人物。(参《不列颠百科全书》第9卷59页)

和阿奎那①这些不同的基督徒,竟都相当坦率地把天堂之荣耀理解为声名或令闻嘉誉。只不过并非我等受造所授予的声名,而是神所授予,是得到神之嘉许(approval)或(我或许可以说)"欣赏"(appreciation)。思考再三,我才明白此看法还真合乎圣经;从耶稣的比喻中,无法去除这一神圣荣誉:"好,你这又良善又忠心的仆人。"②思及此,我有生以来绝大部分思考,就像纸牌搭建的房子,全塌了。我猛然记起,无人能进入天堂,除非像小孩的样子;③在小孩身上——并非在自负的孩子身上,而是在好孩子身上——最明显的莫过于,其受到表扬时那巨大而又毫不掩饰的快乐。④不仅小孩如此,甚至犬、马也是如此。显然,那些年

---

① 阿奎那(Thomas Aquinas,约 1225—1274),中世纪意大利神学家和经院哲学家,道明会修士。他撰著极丰,所著《神学大全》(*Summa Theologiae*)建立了完整的神学体系,至今仍是罗马天主教会中的标准权威著作,对天主教神学思想影响颇深。纪念他的宗教节日为 3 月 7 日。(参卢龙光主编《基督教圣经与神学词典》)
② 《马太福音》廿五章 23 节。
③ 《马太福音》十八章 1—5 节:当时,门徒进前来,问耶稣说:"天国里谁是最大的?"耶稣便叫一个小孩子来,使他站在他们当中,说:"我实在告诉你们:你们若不回转,变成小孩子的样式,断不得进天国。所以,凡自己谦卑像这小孩子的,他在天国里就是最大的。凡为我的名接待一个像这小孩子的,就是接待我。"
④ 《孟子·离娄下》:"大人者,不失其赤子之心者也。"

我误以为是谦卑的东西,阻止了我去理解那事实上最为谦卑、最像孩子、最属于受造者的快乐——不止如此,还有卑微者的独有快乐:牲畜在人面前,孩子在父亲面前,学生在老师面前,受造物在造物主面前所获得的快乐。我没有忘记,这一纯真渴欲却因我们人的野心而遭到扭曲;我也没忘记,在亲身经历中,因我理当取悦之人的表扬而得到的合法快乐,会蜕化为孤芳自赏(self-admiration)这剂致命毒药。然而我想,在这一切发生之前,我能够察觉有那么一瞬——极为短暂的一瞬——因取悦那些我理应爱或理应怕的人而心满意足,是纯洁的。这就足以提升我们的思考,让我们想到,当一个得救的灵魂最终得知,出乎意料甚至难以置信,她作为被造竟然得祂之欢心,这时会发生什么。虚荣这时不再有任何空间。她将摆脱悲惨幻觉,以为她配得上(it is her doing)。因不再沾染我们现在所谓的自伐(self-approval),她将最天真无邪地安于(rejoice in)神所造的她。这一刻,既根治了她那原来的自卑情结(inferiority complex)①,

---

① 路易斯所用"自卑情结"(inferiority complex)一词,与心理学家阿德勒(Alfred Adler,1870—1937)不同。阿德勒之精神分析设定,任何人都有自卑情结;而路易斯则是在说,只有不知谦卑、心怀羡慕嫉妒(转下页注)

而且她的骄傲也沉入海底,比普洛斯帕罗的书(Prospero's book)①沉得更深。完美的谦卑(humility),无须谦虚(modesty)。假如神满意于作品(the work),作品或可以自满一下;"她不会跟君王应酬客套"。② 可以想象,有人会说,他不

(接上页注)妒恨的人,才有自卑情结。这一自卑情结的标志就是,拿"我跟你一样棒"(I'm as good as you)做精神支柱:

圣伯纳德绝不会对玩具狗说,"我跟你一样棒";拿奖学金的学生绝不会对低能儿说,"我跟你一样棒";可用之才绝对不会对无业游民说,"我跟你一样棒";漂亮女人绝对不会对丑女人说,"我跟你一样棒"。除了严格意义上的政治领域外,只有在某种程度上自感不如别人的人,才会要求平等。确切地说,这句话正好表现了有病的人的自卑感,自卑感弄得他痒痒、刺得他心疼、揪住他的心,可他仍拒不承认。(况志琼、李安琴译《魔鬼家书》,华东师范大学出版社,2010,第137页)

① 在莎士比亚的《暴风雨》(*The Tempest*)的结尾,剧中主人公,藉助魔法夺回爵位的米兰公爵普洛斯帕罗,在剧终时告别他的魔法。他将他的魔法书扔进大海:"以后我将折断我的魔杖,把它埋在幽深的地底,把我的书投向深不可测的海心。"(《暴风雨》第五幕第一场,《莎士比亚全集》卷七,译林出版社,1998,第364页)

② 原文是"it is not for her to bandy compliments with her Sovereign",典出鲍斯威尔的《约翰逊传》。1767年2月,英王乔治三世探访正在皇家图书馆读书的约翰逊。鲍斯威尔记载如下:

皇上陛下再询问他有没有在写什么东西。他回答没有。因为他已把所知的贡献给世界了,现在应该做的事就是读书,并且吸取更多的知识。皇上很自然地鼓励他坚守一个作家的职责,继续努力,然后又说:"我不认为你师承何人。"约翰逊说,以一个作家而论,他认为已经尽了本分。"我也这样想,"皇上说:"否则你不可能做得那么出色。"对于这点,约翰逊对我说:"没有人能讲出更好的恭维话了,由皇上口中说来更是非同小可,我实在是受宠若惊。"在雷诺兹家里,另外一个朋友问他,对皇上的恭维,他作何答复。他回答:"我一句话都没有说。皇上说什么,就是什么,我不会和君王应酬客套。"(罗珞珈、莫洛夫译,中国社会科学出版社,2004,第124页)

喜欢我把天堂说成一个我们获取表扬的地方。在这层不喜欢的背后,则是傲慢的误解。我们最终要面对的那副天颜(the Face),要么欢喜要么严苛的那副天颜,必然以或此或彼的表情转向我们每个人,要么赐予无可言喻的荣耀,要么施加无法挽回的羞惭。① 前些天我在期刊上读到,最要紧的是我们怎么看神(God)。天哪,绝对不是。神怎么看我们,不仅更重要,而且无比重要。至于我们怎么看神,无足轻重,除非它跟神怎么看我们有些关系。经上说,我们将"站祂面前",出庭受讯。荣耀之应许几乎是件不可思议的应许,是只有藉助基督所做的工才有可能的应许。它说,我们当中若有人,或者我们当中任何一个人,若真心选择了救恩,必将能通过这层监察,得到称许,讨神喜悦。讨神喜悦……缔创神国幸福有力其间……不仅蒙神怜悯,并且蒙神喜爱,像艺术家喜悦自己的作品,或者像父亲喜悦儿女——这应许仿佛不可能实现,像是我们的思想承荷不起的荣耀重负(a weight or burden of glory)。②

---

① 《马太福音》三章12节:"他手里拿着簸箕,要扬净他的场,把麦子收在仓里,把糠用不灭的火烧尽了。"

② 《哥林多后书》四章16—18节:"所以,我们不丧胆。外体虽然毁坏,内心却一天新似一天。我们这至暂至轻的苦楚,要为我们成就极重无比永远的荣耀。原来我们不是顾念所见的,乃是顾念所不见的,因为所见的是暂时的,所不见的是永远的。"

然而,却确有其事。

现在留意到是怎么回事了吧。倘若我否弃了这一源自圣经的关于荣耀的权威意象,只固执于我自己的那股模糊渴欲,一开始作为我向往天堂的唯一指示的那股模糊渴欲,那么,我就根本看不到这一渴欲与基督教应许之间有何联系。而今,当我谨遵圣书那看似令人费解又拒人千里的描述,回过头来看,喜出望外地发现,这一联系是何等清楚。基督信仰教导我去盼望的荣耀,最终看来,不仅能满足我的源初渴欲(original desire),而且还的确彰显了我的源初渴欲中我未留意的要素。由于暂时停止思量我之欲求(wants),我才开始更好了解我之欲求到底是什么。数分钟之前,试图描画我的属灵憧憬(spiritual longings)时,我忽略了其最为奇特的一个特征。我们留意这一特征,往往是在美景消逝之时,在乐曲终了之时,在景致失去天光之时。我们这时的感受,济慈有诗为证,"回归故我之漫漫长途"。① 你懂我的意思。有那么几分钟,我们有个幻象,以为自己属于那个世界。而今我们发觉,

---

① 原文为"the journey homeward to habitual self"。语出约翰·济慈之《恩狄米昂》(*Endymion*)第二卷第276行。此诗有4卷4050行,暂无中译文。关于该诗之简介,见"爱思英语网"《佳作欣赏》栏目。

不是这么回事。我们只是个观光客(mere spectator)。美曾向我们微笑,但并未欢迎我们加入;她的脸庞是转向我们,却不是为了看我们。我们未被接纳,不受欢迎,或未受邀共舞。我们乐意走就走,能留则留:"不屑理我们"。① 科学家也许会说,鉴于我所谓的美的事物大多都是无生之物,那么它们不在意我们,就一点也不奇怪。这么说当然没错。不过我所谈论的并非这些物质对象,而是某种不可言喻的东西,这些物质对象只是其信使而已。这一讯息(message),甜美(sweetness)中之所以夹杂着苦涩(bitterness),乃归咎于这一事实,即,此讯息看似专为我们而发,其实我们只是偶有风闻。我用苦涩意指痛苦(pain),而非怨恨(resentment)。虽然差不多没胆量质问,为何不在意我们?但我们为此感到悲哀。我们不甘沦为天地间的陌生过客,因而我们的难以平抚的秘密(inconsolable secret),部分就是,渴欲得到承认,渴欲得到响应,渴欲我们与实存(reality)之鸿沟上有个桥梁。而且的确,从这一视

---

① 原文是"Nobody marks us",典出莎士比亚《无事生非》第一幕第一场。贝特丽丝说:"培尼狄克先生,我总琢磨你会是在唠叨什么?没人听着您哩。"(《莎士比亚全集》卷二,第8页)王维有诗云:"随意春芳歇,王孙自可留。"语意与此相近。

点来看，前面所描述的荣耀之应许，与我们内心深处之渴欲（deep desire）息息相关。因为荣耀意味着得到神的好评，蒙神接纳，得到神的响应、认可及欢迎，步入万物之中心（the heart of things）。我们终生在叩的那扇门，最终打开。①

把荣耀说成是为神"在意"（"noticed" by God），看上去可能着实粗疏。但这几乎是新约圣经之原话。圣保罗应许那些爱神的人，说神将认识他们（《哥林多前书》8:3）②；可没像我们料想的那样，说他们将认识神。这真是个奇怪应许。神不是无所不知么？不过，在新约的另一篇章里，也有重现。在那里我们被警告说，最终站在神面前时，我们任何人都有可能只听见这句可怕的话："我不认识你，离我去吧！"③在某种意义上，这在感情上难以承受，恰如理智承受不了黑暗。神无所不在，我们却被遗弃于祂的临在之外；神无所不知，我

---

① 《马太福音》七章7—8节："你们祈求，就给你们；寻找，就寻见；叩门，就给你们开门。因为凡祈求的，就得着；寻找的，就寻见；叩门的，就给他开门。"

② 《哥林多前书》八章3节："若有人爱神，这人乃是神所知道的。"

③ 《马太福音》七章21—23节：凡称呼我"主啊，主啊"的人，不能都进天国；惟独遵行我天父旨意的人，才能进去。当那日，必有许多人对我说："主啊，主啊，我们不是奉你的名传道，奉你的名赶鬼，奉你的名行许多异能吗？"我就明明地告诉他们说："我从来不认识你们，你们这些作恶的人，离开我去吧。"另见《路加福音》十三章25—27节。

们却在祂的知识中被抹除。我们可能完全置于"外头"——被排拒,被放逐,成为过客,最终被视而不见。另一方面,我们可能被招呼进门,受欢迎,蒙接纳,得认可。我们每天都在这两种难以置信的可能性之间行走,就像走钢丝。这样,显而易见,我们终生的思乡病(our lifelong nostalgia)——虽被从天地间某物上割离但却仍憧憬着与之合一,憧憬着进门不甘呆在门外——这一切都并非神经质的幻觉,而是我们真实境遇最真实的迹象(index)。而且,最终被招呼进门,不仅其荣耀与名誉远超我等功德,也医治了我们的古老心病。①

【§13—14. 荣耀之第二义:光耀】

这就把我带向荣耀之另一义——光辉、灿烂或闪亮意义上的荣耀。我们将像太阳那般光灿,将被赐予晨星。②

---

① 在《裸颜》第一部第7章,路易斯藉赛姬之口说:"这与一般的憧憬不同。每当最快乐的时候,我憧憬得更厉害。……我一生中最甜蜜的事莫过于憧憬——憧憬到阴山去,去找出一切美的源头……那是我的家乡,我原应出生在那里。你以为这毫无意义吗——这一切的憧憬,对家乡的憧憬?真的,此刻我觉得的,不像是离去,而像归来。"(曾珍珍译,华东师范大学出版社,2008,第59—60页)

② 参《启示录》二章19—28节。此语出自"给推雅推喇教会的信"那一段落:"我知道你的行为、爱心、信心、勤劳、忍耐,又知道你末后所行的善事,比起初所行的更多。……那得胜又遵守我命令到底的,我要赐给他权柄制伏列国。……我又要把晨星赐给他。"

我想逐渐明白这话什么意思了。一方面,当然神已经赐给我们晨星:只要你早起,你就可以在无数清晨去乐享这一赐予。你可能会问,既如此,我们将复何求?啊,我们要得可多啦——要的东西,美学书籍基本没有留意。可是诗人和神话学却懂得很。我们不止想要看见(see)美,虽然——神知道——即便只看见美就已经是了不起的恩宠了。我们想要的是难以言表的另一件东西——与所见之美联合,进入它里面,把它迎入我们里面,沐浴其间,成为它的一部分。我们让风、土、水中住满男女神灵,住满宁芙与精灵,原因就在于此——尽管我们不能乐享那个美、恩惠及权柄(对于这个美、恩惠及权柄,自然只是其形象),这些神灵们则能乐享。这就是诗人们的谎言如此可爱的原因。他们说起西风,仿佛西风已经真的飘进人类灵魂深处,虽然它飘不进去。他们告诉我们,"潺潺流水激荡的美丽"将会洋溢在人的脸庞,①虽然它终将不会,或者说,尚且不会。因为,如果

---

① 语出华兹华斯的《露西之四》(Lucy IV, 1799)第五节:"午夜的星辰对露西/尤为珍爱,在许多偏僻的地方/她会将耳朵竖起/聆听那里小溪起舞,奔流欢畅,/潺潺流水激荡的美丽/洋溢在她的脸庞。"(黎历译)诗歌原文及中译,见"爱思英语网"《佳作欣赏》栏目。

把圣经上的意象语汇当作真有其事,如果相信神有一天会将晨星赐给我们,使我们披戴太阳的荣光,那么,也可以这样说:古代神话和现代诗篇,作为历史似是谎言,作为预言却距真理不远。目下,我们都还在那世界的外面,不在门内而在门外。我们体察到早晨之清与新,但并未使自己或清或新。我们无法与眼见之荣光相融合。新约的所有书页都在喁喁细语,说不会一直是这幅光景。终有一日,只要神愿意,我们就会进门(get *in*)。当人类灵魂情愿顺从,就像无生之物的顺从那般完全,那时,我们就要披戴自然之荣耀。甚至披戴更大的荣耀,相比于此荣耀,自然只是个初稿。切莫以为我在鼓吹某种异教幻想,认为我们会融入自然。自然可朽(mortal),我们却比她长寿。一切星辰逝止之时,我们每个人还将活着。自然只是意象(the image),只是象征(the symbol),是圣经约请我使用的象征。我们受召经由自然,超乎自然,进入自然隐隐约约所反映的真正荣光之中。①

---

① 路易斯《飞鸿22帖》第17帖:"我们不能,至少我不能,把鸟儿的唱歌只听为一种声音。某种意义、某种信息(如,'那是一只鸟')必随那声音而来。这正好像我们不能把一个印在纸上熟识的字,只看为一个视觉图样。阅读与看见同样是不自觉的。当风怒吼时,我不是只听到'吼声',还听到'风声'。我们同样可以又'阅读'又同时'感到'一刻的(转下页注)

在那里,在超乎自然之处,我们将摄食生命树(the tree of life)①上的果实。目前,如果我们在基督内已得重生,我们的灵(spirit)就已直接向神而活;但是,我们的心(mind),更不用说我们的身(body),却在千重之外从祂汲取生命(life)②——通过先祖,通过食物,通过物质元素。神创造诸世界时,其创造喜悦为物质植入能量。我们所谓的身体快乐(physical pleasure),只不过是这些能量的杳渺余波。即便是稀释了又稀释,我们当前依然不胜酒力。余波都如此醉人,可想而知,要是亲尝泉源当会如何?我相信,这就是摆在我们面前的愿景。完全的人(the whole man)要在喜乐之源,啜饮喜乐。正如圣奥古斯丁所说,蒙救灵魂之欢喜雀跃,将要"涌流"到受荣之身(glorified body)。③ 根据我们当前这点狭

(接上页注)欢愉。甚至不是'又同时'。那区别应该是不可能的(有时真是不可能);接收它与认识它神圣的源头是个单一整全的经验。那属天的美果,令人即时闻到天堂果园的芬芳;清甜的空气,悄悄细说了它所自出的乐园。这都是信息,叫我们知道,自己是那被永恒欢愉环绕的右手手指触动了。"(黄元林等译,台北:校园书房,2011,第152页)

① 生命树(the tree of life),典出《创世记》二章9节:"园子当中又有生命树和分别善恶的树。"

② 路易斯在此重述基督教"复活在主,生命在主"的教义。《约翰福音》十一章25节:"复活在我,生命也在我;信我的人,虽然死了,也必复活。"十四章6节:"我就是道路、真理、生命,若不藉着我,没有人能到父那里去。"

③ 典出奥古斯丁《书信集》第117封书信《致狄奥司科》(To Dioscorus)第14段。

隘又堕落的嗜欲(specialised and depraved appetites),实在无法想象啜饮那"乐河之水"①是何景致。所以我诚挚奉劝大家还是不去想象的好。但是,必须念及它,以驱除更为误导的思考,即认为得救的只是鬼魂(a mere ghost),或认为复活的身体其实无知无觉。殊不知身体为主而造,而这些惨淡幻想(dismal fancies)其实离题万里。②

【§15. 荣耀缘何是重负】

不过,十字架总是走在冠冕之前;明天终究是"周一早晨"。无情的俗世之墙,已经裂开一条缝,我们受邀追随里面的我们伟大的主(our great Captain inside)。追随祂,当然是关键所在。既如此,我沉浸于这些玄想,又有何实际用处? 我至少能想到一项实际用处。我们每个人或许可能拼命去想自己日后会享有的荣耀,但却很不可能去常常或深深去想邻舍日后会享有的荣耀。我的邻舍的荣耀这一重

---

① 原文为 *torrens voluptatis*,意为"Stream of delights"。语出《诗篇》卅六章8节:"他们必因你殿里的肥甘得以饱足,你也必叫他们喝你乐河的水。"

② 路易斯《飞鸿22帖》第22帖:"现时,我们倾向想象灵魂是'在身体里'。但我认为,复活后荣耀的身体(即是感知的生命[sensuous life]从死里复活)会出现在灵魂里面。这就像:神不是在空间里面,而是空间在神里面。"(黄元林等译,台北:校园书房,2011,第205页)

任、重负或负担，我理应背负。① 此重任如此之重，只有谦卑才扛得起，骄傲的脊梁会被压断。我们要谨记，你可与之交谈的最不起眼最无趣的人，或许有一天，会成为这样一个受造，要是你现在瞧见，恐怕会禁不住顶礼膜拜一番；或者会变得如此可怕如此败坏，要说你现在碰见过，恐怕只是在噩梦中才能碰到。活在这样一个具有此等"可能性"的社会之中，实乃严肃之事。在某种程度上，我们终日都在互相帮扶着走向或此或彼之"定命"(destinations)。正因照见这些难以置信的可能性，我们对待他人，对待友谊，对待爱情，对待游戏，对待政治，理当戒慎恐惧。世间并无普通之人(*ordinary* people)。你与之交谈者，从非可朽之辈(a mere mortal)。国族、文化、艺术、文明——这些都是可朽的，它们之生命与我们相比，蝼蚁般短暂。倒是那些我们与之玩笑、与之共事、与之成婚、甚至轻慢、任意剥削的对象，才是不朽的一群②——要么是不朽的恐怖，要么是永远的光辉。

---

① 《论语·泰伯第八》："士不可以不弘毅，任重而道远。仁以为己任，不亦重乎？死而后已，不亦远乎？"

② 路易斯在《返璞归真》卷三第1章，说明了信永生对人生及社会的影响："基督教宣称每个人都有永生，这句话不是对就是错。倘若我只能活七十岁，有很多事就不值得我去操心，但是倘若我有永生，(转下页注)

这并不意味着我们永远板着面孔活着。我们必须游戏。① 但我们的欢悦(merriment),必须属于这类(事实上正是最欢悦的那种),它存在于从一开始就相互认真的人之间——不轻浮,无优越感,没有偏见。我们的仁爱(charity)必须是一种真正的珍贵的爱,带着深深的罪感。尽管我们深爱罪人②,却并非一味容忍或纵容,这只会败坏爱,恰如轻浮败

(接上页注)我最好认真地考虑考虑。我的坏脾气或嫉妒心可能会逐渐变得严重,这个变化过程缓慢,在七十年内不会太显著,但是在一万年内就可能变成真正的地狱……人的不朽还带来另外一个不同,这个不同慢慢就与极权主义和民主之间的不同联系起来。倘若个人只能活七十岁,一个可能会存在一千年的国家,民族或文明就比个人重要。但是如果基督教说得对,个人就不但更重要,而且不知要重要多少倍,因为他有永生,与他相比,这个国家,文明的寿命只是一瞬间。"(汪咏梅译,华东师范大学出版社,2007,第83页)

① 路易斯《魔法师的外甥》第10章,阿斯兰说:"欢笑吧,不要惧怕,被造物们。既然你们不再又哑又蠢,就没有必要那么严肃。我们用语言来主持正义,也用语言来开玩笑。"(向和平译,天津人民出版社,2014,第138页)

② 区分"罪"与"罪人",乃基督教之基本教义。路易斯《返璞归真》卷三第7章的这段文字,可以互参:

我究竟是怎么爱自己的?

想到这点,我发现自己从未真正喜欢过自己、爱过自己,有时候甚至厌恶自己。所以,"爱邻人"的意思显然不是"喜欢他"、"发现他有魅力"。我以前就应该明白这点,因为你显然不可能通过努力喜欢上一个人。我自我感觉不错,认为自己是好人吗?有时候我可能这样认为(毫无疑问,那是我最坏的时候),但那不是我爱自己的原因。事实正相反:爱自己让我认为自己很好,但是,认为自己很好并非我爱自己的原因。(转下页注)

坏欢悦。领受圣餐之时,除了圣餐之外,邻座可能是你耳目之内最为神圣的对象。假如他就是你的基督徒邻居,他就几乎一样神圣。因为基督就隐藏在他里头——既是荣耀者又是受荣者,荣耀本身(Glory Himself),真真实实地就隐藏在他身上。

(接上页注)因此,爱仇敌的意思显然也不是认为他们很好。这让我们卸下了一副重担,因为很多人以为,宽恕仇敌的意思就是在仇敌显然很坏时假装他们实际上没那么坏。再进一步想想。在我头脑最清醒的时候,我不但不认为自己是好人,还知道自己是个非常卑鄙的人,对自己做过的一些事感到恐惧和厌恶。所以,显然我有权厌恶、憎恨仇敌做的一些事。想到这点,我记起很久以前我的基督徒老师们的话:我应该恨坏人的行为,而不应该恨坏人本身。或者像他们常说的,恨罪,不恨罪人。(汪咏梅译,华东师范大学出版社,2007,第120—121页)

二 战时求学①

(1939)

Learning in War-Time

【译按】人恒言,非常之时当行非常之事。大战期间,投身战斗,放弃一切跟战争无关之事,仿佛既正确又豪迈。路易斯说,战时并非非常之时,因为自堕落之后,人类从未正常过。以非常为由,一心于战事,就是奉凯撒为上帝,就是将"为之而死的义务"奉为"为之而生的义务"。动物才衣食足而知荣辱。人之为人,正在于即便衣食未足,亦不忘荣耀神。求学,只要是荣耀神,就正当。即便在战时。

---

① 《战时求学》(Learning in War-Time),乃 1939 年秋 C. S. 路易斯在剑桥圣玛丽教堂的演讲辞。

【§1. 习见的战时求学问题】

大学,乃求学之社群(a society for the pursuit of learning)。作为学生,各位被寄予厚望,使自己或开始使自己成为中世纪所谓僧侣(clerks):成为哲人,科学家,学者,批评家或史家。乍一看,大战期间做这些事似乎奇怪。着手一项我们几乎没机会完成的任务,到底有何用处?或者说,即便我们自己之学业侥幸未因死亡或兵役打断,当此之时,友人之生命及欧洲之自由命运未卜,我们为何应该——更确切地说,我们又如何能够——继续兴致勃勃于这些帮闲之事?这与"琴照弹,休管罗马大火",有何两样?①

【§2—3. 地狱教义引发的更大问题】

依我看,除非把这些问题与每位基督徒在和平时期都应扪心自问的其他问题放在一起,否则,我们就回答不了。

---

① 英语有谚:"fiddling while Rome burns",与"隔岸观火"、"黄鹤楼上看翻船"、"商女不知亡国恨,隔江犹唱后庭花"意思相近,坊间有人直译为"琴照弹,休管罗马大火"。此谚典出公元64年7月的罗马大火。古罗马著名历史学家塔西佗《编年史》第15卷38—46章,对这场整整烧了五天五夜、罗马有史以来最可怕的火灾,做了专门记载。其中说当时皇帝尼禄:"外面传说,正当罗马起火的时候,他却登上了他的私人舞台,而且为了用过去的灾难表示当前的灾祸,他竟然唱起特洛伊被毁的故事。"(塔西佗《编年史》,王以铸、崔妙因译,商务印书馆,1981,第537页)

我方才说起"琴照弹,休管罗马大火"的事。可是,在基督徒看来,尼禄的真正悲剧并非罗马失火之时弹琴,而是他在地狱边缘弹琴。务请原谅我用"地狱"一词。我知道,在这些日子,许多比我更睿智更优秀的基督徒,都不喜欢提及天堂和地狱,甚至在布道坛上也三缄其口。我也知道,对新约中这一主题的任何称引,都来自一处。只不过,那处来源却是我们的基督。尽管人们会告诉你,那是圣保罗,但这并不对。这些令人瞠目的教义来自耶稣基督。在祂的教导或祂的教会的教导中,它们不可或缺。① 你若不信它们,我们列席此教堂就是胡闹了。我们若信地狱教义,就必须克服自己的一本正经(spiritual prudery),说说地狱。②

一旦相信地狱,我们就会看到,每个来到大学的基督

---

① 依基督教,严格意义上的"教会",是神自己设立的。新约圣经首次出现"教会"一词,见《马太福音》十六章18节。其中耶稣对使徒彼得说:"我还告诉你:你是彼得,我要把我的教会建造在这磐石上,阴间的权柄不能胜过他。"路易斯在此说"祂的教会",即语本此段经文。

② 路易斯在《痛苦的奥秘》第8章里说,基督教因地狱教义倍遭非难:"在目前的情况下,基督教之被非难为野蛮,而上帝的良善亦受到质疑,这条教义就是其中一个主要原因了。他们说,这是一条极其可憎的教义——的确,我也打从心里憎恨它。他们又提醒我们,人生那些悲剧是由于相信了这条教义。至于不相信它而导致的其他悲剧,他们却说得不多。为了这些问题,也唯独是为了这些理由,我们有加以讨论的必要。"(邓肇明译,香港:基督教文艺出版社,2001,第114页)

徒，必须时时刻刻面对一个问题，跟这问题相比，战争引起的问题都不大重要了。他必须自问，在这样一个世界上，让每时每刻要么走向天堂要么走向地狱的被造，花时间从事文学艺术、数学或生物学这类琐务，哪怕是花一点点时间，这是否正当？甚或说，如何有其心理可能？假如人类文化经得住这一拷问，那么，它就经得住任何拷问。承认在这些永生事务(eternal issues)的阴影之下，我们依然能保持学习兴趣，在欧洲战争的阴影之下却无法保持，那就相当于承认，我们闭耳不听理性之声音，却向神经紧张(the voice of our nerves)及群情激奋(mass emotions)敞开耳门。

【§4. 求学乃人之天性，动物才衣食足而知荣辱】

这的确是我们绝大多数人的情形：当然也包括我。正因为此，我想，重要的是努力以正确视角看待当前这场灾难。战争并未造就全新境遇。它只是放大了人类的永恒境遇，以至于我们无法忽视。属人生命(Human life)一直就活在悬崖边上。人类文化，一直不得不生存于某些比它无比重要的事物的阴影之下。假如人一再延迟对知识及美之追求，等高枕无忧之时再去从事，那么这一追求将永远无法开始。拿战争跟"正常生活"(normal life)作比较,就搞错了。生活从未正常过。即便在我们认为最为平静的时期,如19世纪,细加审查,原来也充满危机、惶恐、困境及突发事件。延迟所有纯文化活动,直到解决燃眉之急或摆平迫切之不公,此类动听理由从不缺乏。①然而对此动听理由,很久以前,人性就选择了置之不理。知识和美,他们当下就要,不会等那个永远不会到来的时机。伯里克利时代之雅典,不仅给我们留下帕台农神庙,而且更重要的是,给我们留下国殇演说辞(the Funeral Oration)。② 昆虫选择的是另一条路:它们先求物质饱足和巢穴安全,而且,想必它们会如愿以偿。人就不同了。

---

① 非常之时当行非常之事,这类说辞,所在多多。鲁迅先生《小品文的危机》可算一例:"然而就是在所谓'太平盛世'罢,这'小摆设'原也不是什么重要的物品。……何况在风沙扑面,狼虎成群的时候,谁还有这许多闲工夫,来赏玩琥珀扇坠,翡翠戒指呢。他们即使要悦目,所要的也是耸立于风沙中的大建筑,要坚固而伟大,不必怎样精;即使要满意,所要的也是匕首和投枪,要锋利而切实,用不着什么雅。"(《鲁迅全集》第四卷,人民文学出版社,2005,第191页)更不用说中国在二战时期,这类口号,是多之又多,不暇细数。

② 伯里克利(Pericles,约公元前495—前427)时代,乃雅典之黄金时代。帕台农神庙,雅典娜主神庙,公元前472—前432年,由伯里克利兴建于雅典卫城上,以祭奉雅典的守护女神雅典娜,纪念希腊当时战胜波斯。伯里克利著名的国殇演说辞,见修昔底德的《伯罗奔尼撒战争史》卷二第34—45节。

他们在围城之中提出数学定理,①在死牢之中谈玄论道,②在绞刑架上开玩笑,③奔赴魁北克城(the wall of Quebec)途中还讨论最新诗作,④在塞莫皮莱(Thermopylae)梳妆打扮。⑤ 这并非派头(*panache*);这是我们的天性(nature)。

---

① 指古希腊数学家阿基米德(Archimedes,公元前287—前212)。相传,当罗马士兵攻陷阿基米德的故乡时,阿基米德还俯身在沙地上画几何图形,沉醉于几何思考之中。一位罗马士兵踩坏了他画的图形。阿基米德平静地说:"躲开,别把我的圆弄坏了。"这话激怒了这个无知士兵,他向阿基米德举起刀。阿基米德没求饶,却请士兵让他算完这道题再杀他不迟。士兵没答应。

② 可能是指罗马元老、基督教哲学家波爱修斯(Boethius,480—524)。510年,波爱修斯出任东哥特的罗马执政官。523年,受人诬陷,以"叛国罪"被打入大牢。524年被残忍处死。其代表作《哲学的慰藉》(*De Consolatione Philosophiae*)一书,就是他等待受刑的那年写成的。该书之英译者说:"它是一个穷尽一生忠于在理性之不偏不倚的光照中寻得至高慰藉的人所写下的登峰造极的杰作。"(参波爱修斯《神学论文集/哲学的慰藉》,荣震华译,商务印书馆,2012)

③ 未知典出何处。英文有 Gallows humor 一词,意指"面临大难时的幽默"。据英文维基百科,这样的历史记载,举不胜举。

④ 据说,在魁北克战役(the Battle of Quebec,1759年12月13日)中,英国将领沃尔夫(James Wolfe)就在胜利前夕,也即他阵亡前夕,还在背诵英国诗人托马斯·格雷(Thomas Gray,1716—1771)的名诗《墓畔哀歌》(*Elegy Written in a Country Churchyard*,1751)。该诗有卞之琳之中译文行世。

⑤ 事见希罗多德《历史》卷七第208章。希波战争期间,波斯王薛西斯曾派探卒去希腊营地侦查。他碰巧瞧见:"有一些人在那里作体操,有一些人在梳头发。"(王以铸译,商务印书馆,1959)

【§5—6. 战争没资格占据生命之全部】

然而,由于我们是堕落的被造(fallen creatures),所以,仅凭此即我等天性这一事实,并不能证明这就是理性的或正确的。我们还不得不去探讨,当此之世,是否真有从事学术活动的合法场所。也就是说,我们一直不得不回答这一问题:"你怎能如此无聊如此自私,不去思考人类灵魂之救赎,却去思考其他?"而在当前,我们则不得不回答这一附加问题:"你怎能如此无聊如此自私,不去思考战争,却去思考其他?"对这两个问题,我们的答案,部分相同。前一问题的言下之意是,我们的生命能够且应当坦荡荡地独属宗教(exclusively and explicitly religious);后一问题的言下之意则是,它能够且应当独属国族(exclusively national)。我在后面会解释,在某种意义上,我相信我们的全部生命,能够且的确必须独属宗教(become religious)。然而,假如有人以为,这就意味着我们的全部活动都应属于可被认作"圣洁"而非"世俗"的那一类,那么,我会给这两个假想敌①一个简单答复。我会说:"无论你所劝进之事是否应当发生,

---

① 指提出前两个问题的人。

它还是不会发生。"在成为基督徒之前,我并未充分认识到,一个人归信之后仍会不可避免地做此前所做的绝大多数事情,尽管在新的精神之中盼望,但还是同样的事情。参加上次大战之前,我的确期望,战壕里的生活,在某种神秘意义上,全然属于战争。事实上,我发现,你越是接近前线,每个人都会越少谈及或思及盟军事业及战争进程。我欣喜地发现,托尔斯泰在那部有史以来最伟大的战争著作①中,记写了同样事情——在某种程度上,《伊利亚特》也如此。无论归信还是从军,都不会真正抹除我们的属人生命(human life)。基督徒和军人,仍然是人。无信仰者所想的宗教生活,平民百姓所想的现役军人,都是幻想。在两类情况下,假如你被诱使去搁置你的全部理智活动及审美活动,那么,其最终结果只能是,你用某种更为低劣的文化生活取代了更优秀的。事实上,你不会什么都不读,无论在教会还是在行旅之中:假如你不读好书,你就会读滥书。假如你不做理性思考,你就会做非理性思考。假如你拒绝审美满足,你就会堕入官能满足。

----

① 指托尔斯泰的《战争与和平》。

因而，我们的宗教呼召与战争呼召，有得一比：对于我们绝大多数人而言，二者都不会从日程上取消或去除我们加入它们之前所过的属人生活（human life）。但是，它们如此这般的理由，却不一样。战争不会吸引我们的全部注意，是因为它乃有限事物（a finite object），因而，内在地不适合承受人类灵魂之全神贯注。为避免误解，我这里必须做一些澄清。我相信，我们的事业就像人类的其他事业一样，很是正义，因而我相信参战乃一义务。每一义务都是神圣义务（a religious duty），践行每一义务之强制力因而就是绝对的。于是，我们可能就有义务拯救落水之人。假如生活于险滩，我们就有义务学习救生，以便每当有人落水，我们已经做好准备。舍身救人，或许就是我们的义务。然而，假如有人献身于救生，心无旁骛——在人人都学会游泳之前，他既不想也不说其他任何事情，要终止其他一切属人活动——他就会成为一个偏执狂。救落水之人，是我们值得为之而死的义务（a duty worth dying for），而不是我们值得为之而生（worth living for）的义务。在我看来，所有政治义务（其中包括参军义务）都是这类。一个人可能不得不为祖国而死，但是，没有人在心无旁骛的意义上为其祖国而生。

谁人毫无保留地响应某国族、某政党或某阶级之召唤,谁就是把最明显不过属于上帝的东西,即他自己,贡献给凯撒。①

【§7—8. 属灵生命与属人生命并无本质冲突】

至于宗教不能占据生命之全部(the whole of life),不能排斥我们所有的天性活动,则出于颇不相同的理由。因为,当然在某种意义上,宗教必须占据生命之全部。在上帝之呼召与文化呼召或政治呼召或其他呼召之间,绝无妥协之可能。上帝之呼召,不受阈限(infinite),不可阻挡。你要么拒绝,要么努力承认。绝无中间道路。② 尽管如此,基督教并不排斥任何日常的属人活动(ordinary human activities),还是显而易见。圣保罗告诉人们,继续干好本职工

---

① 《马太福音》廿二章21节:"凯撒的物当归给凯撒;上帝的物当归给上帝。"

② 这是典型的路易斯式的非此即彼。他在《梦幻巴士》之序言里说:"我们若执意要保有(甚或尘世),将不得见天堂;我们若是接受天堂,那么,连地狱最小又最亲密的纪念品都不能拥有。我确信,凡是到达天堂的人将会发现他所舍弃的(即便是挖掉了的右眼)并未失落;即使在他最卑劣的愿望中一心寻求的珍品,也会出人意料地在那'天上美境'等候他。……人所选的若是尘世而非天堂,结果将证明尘世一向只是地狱的一部分;而尘世,若是次于天堂,一开始就是天堂本身的一部分。"(魏启源译,台北:校园书房,1991,第6—7页)

作。他甚至授权,基督徒可以参加宴席,更有甚者,还可以参加异教徒之宴席。① 基督参加婚筵,行了神迹,变水为酒。② 在祂的教会的庇护之下,在最属基督的时代,学问和艺术繁荣昌盛。这一悖论之解决,各位当然耳熟能详:"你们或吃或喝,无论作什么,都要为荣耀神而行。"③

我们的一切天性活动,假如它们事奉上帝,即便最为卑微,都会得到接受;假如它们并非事奉上帝,即便最为高贵,也是有罪的(sinful)。基督教并非简单拿掉我们的天性生活(natural life),用一个新的取而代之。毋宁说,它是一种新组合,利用这些自然材料,达成超自然之目的。无疑,在给定情境,它要求我们的一部分甚或全部的纯属人追求之降服:与双眼被扔进欣嫩子谷④相比,救出一只眼睛要好一些。但是,它要求如此,在某种意义上是出于偶然——因为,在这些特定情况下,从事或此或彼的荣耀上帝之活动都

---

① 《哥林多前书》十章27节:"倘有一个不信的人请你们赴席,你们若愿意去,凡摆在你们面前的,只管吃,不要为良心的缘故问什么话。"

② 见《约翰福音》二章1—11节。

③ 《哥林多前书》十章31节。

④ 欣嫩子谷(Gehenna,亦译"革赫拿"),圣经地名。新约时代,此词成了一个象征名词,代表恶人永远受惩罚的地方,新约甚至以这个字称"地狱"。(参卢龙光主编《基督教圣经与神学词典》)

不再可能。在属灵生命(spiritual life)与属人活动本身(the human activities as such)之间,并无本质冲突。因而,顺从上帝,在基督徒生活里无处不在;在某种意义上,恰如上帝在空间里无处不在。上帝虽然并不像身躯占据空间那般充满空间——仿佛祂的不同部位占据着不同空间,把其他事物都挤了出去。然而根据优秀的神学家,祂还是无所不在——在空间的每一点上都在。①

【§9—11. 求学,为荣耀神】

现在是时候对这一看法做一回应了,即,对于我们这等肩负重大责任的被造来说,人类文化无足挂齿。首先,我则要拒斥萦荡在某些现代人心灵中的这一观点,即文化活动凭其自身(in their own right)就属灵(spiritual),就功德无量(meritorious)——跟清道夫和擦鞋童相比,仿佛学者及诗人内在地更讨神喜悦。我想,正是马修·阿诺德②首次

---

① 路易斯《飞鸿22帖》第22帖:"神不是在空间里面,而是空间在神里面。"(黄元林等译,台北:校园书房,2011,第205页)
② 马修·阿诺德(Matthew Arnold,1822—1888),维多利亚时代的诗人及批评家,终生孜孜于以文学或文化救世,让文学或文化发挥过去宗教所发挥的功能。法国学者安托万·孔帕尼翁(Antoine Compagnon)在《理论的幽灵》一书中,这样描述马修·阿诺德的事业:"19世纪末,英国作家马修·阿诺德给了文学批评一个任务,即建立社会道德以筑(转下页注)

在德语 *geistlich*（精神）的意义上使用英语里的 spiritual（属灵）一词，并因而成了这一最危险最反基督之错误的始作俑者。让我们从心中彻底打消此念。某一贝多芬与某一女佣，其工作之属灵，恰好是基于同等条件：都是献给神的，都是谦卑地"给主作的"①。这当然并不意味着，对任何人来说，他到底该打扫房间还是作曲，就全看运气了。② 为荣耀神，鼹鼠必须打洞，公鸡必须打鸣。我们是同一身子的不同

（接上页注）起一道抵挡内心野蛮的堤坝……对于这位维多利亚时代的批评家而言，文学教学，就是要陶冶、教化那些产生于工业社会的新兴中产阶级，使他们变得人性化。文学的社会功能与康德所说的非功利性迥然不同，它的目标就是为职业人士提供闲时的精神追求，在宗教日益衰落之时唤醒他们的民族情感。"（吴泓缈、汪捷宇译，南京大学出版社，2011，第217页）阿诺德自陈其"文化信仰"（a faith in culture）："这件事无论我们如何去命名，都是指通过阅读、观察、思考等手段，得到当前世界上所能了解的最优秀的知识和思想（the best that has been thought and said in the world），使我们能做到尽最大的可能接近事物之坚实的可知的规律，从而使我们的行为有根基，不至于那么混乱，使我们能达到比现在更全面的完美境界。"（韩敏中译《文化与无政府状态》，三联书店，2002，第147页）

① 《歌罗西书》三章22—23节："你们作仆人的，要凡事听从你们肉身的主人，不要只在眼前侍奉，像是讨人喜欢的，总要存心诚实敬畏主。无论作什么，都要从心里作，像是给主作的，不是给人作的。"亦可参见《以弗所书》六章5—7节。

② "mere toss-up"一语，殊难翻译。本义是指掷硬币，比喻义则有两个：一是机会各半，二是全凭运气。拙译"就全看运气了"，只兼顾了其中一个。

肢体,[1]各人自有其使命。一个人的成长历程、天分、环境,常常是其使命的八九不离十的指针。要是父母把我们送到剑桥,要是祖国容许我们呆在那里,那么,这就是显见证据,表明至少在当前,求学生活最有可能荣耀神。我以此生活荣耀神,当然不是指,总得使我们的理智探索得出有益结论(edifying conclusions);这就会像培根所说的那样,给真理之主献上"欺瞒"这一不洁祭品。[2] 我是指,某种意义上为知识而追求知识,为美而追求美。这一意义上的为其本身(for their own sake),并不排斥"为上帝"(for God's sake)。人心有对知识和美的嗜好(appetite),而上帝制造嗜好并非平白无故。我们因而可以追求知识本身(knowledge as

---

[1] 身子(body)喻指教会;肢体(member)喻指基督徒。典出《哥林多前书》十二章12—13节:"就如身子是一个,却有许多肢体;而且肢体虽多,仍是一个身子。基督也是这样。我们不拘是犹太人,是希腊人,是为奴的,是自主的,都从一位圣灵受洗,成了一个身体,饮于一位圣灵。"关于"肢体"一喻的微言大义,详参本书第7章。

[2] 语出培根(Francis Bacon,1561—1626)《学术的进展》(*Advancement of Learning*,又译《崇学论》)卷一第1章:"有些人认为,过多的知识驱使人信仰无神论,对第二动因一无所知才能使人更虔诚地信赖作为第一动因的上帝。首先我们可以再次提出约伯问他朋友的问题:你愿意因取悦上帝而撒谎,正如普通人为讨好他人而撒谎吗?上帝支配万物运转,确实是靠第二动因。如果人们为了取悦上帝而抱有其他的想法,那种想法只是一种欺瞒,是人们对真理之主奉献的不洁的祭品。"(刘运同译,上海译文出版社,2007,第6页)

such)和美本身(beauty as such)。完全放心好了,我们这样做,要么使我们自己逐渐瞧见神(advancing to the vision of God),要么间接有助于他人逐渐瞧见神。与此嗜好一样,谦卑也鼓励我们仅仅操心知识或美,不用过于惦记二者与瞧见神(the vision of God)的终极关联。这一关联可能虽非为我们而立,但却为踵事增华者①而立——这些人是后来者,他们发现我们因盲目而又谦卑的竭忠尽智而发掘出来的东西,具有属灵意义。这就是那个神学论证,即冲动与机能之存在,就证明它们在神的计划中有相应功能——藉此论证,托马斯·阿奎那证明了,即便没有堕落,两性结合仍然存在。② 至于文化,经验也证明了这一论证之可靠

---

① 将"our betters",译为"踵事增华者",取典梁太子萧统《昭明文选》之序言:"若夫椎轮为大辂之始,大辂宁有椎轮之质;增冰为积水所成,积水曾微冰之凛,何哉? 盖踵其事而增华,变其本而加厉。"

② 在《神学大全》第一集第九十八题"论有关种类之保存者"第2节,托马斯·阿奎那指出,一些先贤因见堕落之后,人的"肉体结合所带有的丑恶的贪婪,于是认为在纯真状态人不是以结合方式生殖"。这意见并不合理。他论证说:"人的自然性质,并不因罪而减少,也不是因罪才赋予的。按前面第九十七题第三节所说的,人在犯罪以前也有动物性生命;按这种生命,人显然该以结合方式生殖,像其他高级动物一样。为这用途而设的自然肢体就是证据。所以不该说在犯罪以前,没有像用其他肢体一样,用这些自然肢体。"(圣多玛斯·阿奎那《神学大全》第八册:论创造人类与治理万物,刘俊余译,台南:碧岳学社,2008,第315页)

(soundness)。① 知性生活并非通向上帝的唯一道路,也并非最为安全的道路,但我们发现它是一条路,而且可能是为我们指定的一条路。当然,只有当我们保持冲动之纯洁与超然,它才是通向上帝的一条路。这很是困难。恰如《日耳曼神学》②一书之作者所说,我们或许最终会爱知识——我们的求知——胜于爱所知:不是为发挥我们的天赋而心喜,而是为此天赋属于我们而心喜,甚至为天赋给我们带来的声名而心喜。学者生涯里的每一成功,都会增加这一危险。③ 假如此危险不可抗拒,他必须放弃自己的学术工作。挖出右眼的时候,到了。

---

① 在逻辑学里,评价演绎论证的术语是 valid,一般汉译为"有效";评价归纳论证的术语是 sound,一般汉译为"可靠"。

② 《日耳曼神学》(*Theologia Germanicai*),作者不可考,14 世纪后期基督教神秘主义神学著作,因马丁·路德 1518 年将其刊印发表而闻名于世。(参卢龙光主编《基督教圣经与神学词典》)

③ 王怡在《我在为基督写作吗?》一文中,曾转述捷克作家米兰·昆德拉讲过的一个故事:有个人在海边,当他看到神创造的世界是那么美好,看见落日那样辉煌,他感动地流下了第一滴眼泪。然后,他被自己流出的第一滴泪感动了,流出了第二滴泪。王怡对这则故事解释说:"也就是说,他被自己的感动所感动了。你看,别人都在打麻将,我却在看落日。其实,人的写作就这样被分为了第一滴眼泪的写作,和第二滴眼泪的写作。拜偶像的写作是第二滴眼泪的写作。这是很大的试探。对越有恩赐,从属世的眼光看越有成就的人来讲,越容易落入这种试探。"

这就是我所看到的求学生活之本性。它所具有的间接价值,在今天,尤为重要。要是全世界都是基督徒,那么,即便全世界都是文盲,也不要紧。可实际上,无论教会以内有无文化生活,教会以外都会有。现在,变得无知而又天真(simple)——变得没有能力在敌人营盘上应敌——就是放下武器,就是背叛文盲教友。在人间,这些教友面对异教的智性攻击,除了我们再无防御。好的哲学必须存在,是因为需要对坏哲学予以回应,即便再无别的理由。清醒理智必须工作,不只是为了对抗敌方的清醒理智,而且是为了对抗一塌糊涂的异教神秘主义①,它全面否弃理智。或许最重要的是,我们需要让过去历历在目。不是因为过去具有某种魔力,而是因为我们无法研究未来,却又需要有某种东西来对抗现在,需要某种东西提醒我们:不同时代的基本预设相当不同,未受教育者以为板上钉钉的事,只是一时风尚。一个在多处生活过的人,不大可能上本村落地方性错误的当;同

---

① 卢龙光主编《基督教圣经与神学词典》(宗教文化出版社,2007)释"mysticism"(神秘主义):"重视神临在的直接经验,与神灵相通的信仰观点或灵修体系。神秘主义相信,神圣真理的知识或与神的联合可以借着灵性洞察或专注默想,摒除感官或理性的媒介而获得的。故此,神秘主义者往往着重祈祷、默念、禁食等。"

理,一个在多个时代生活过的学者,在某种程度上,会对本时代的书报与广播中喷涌而出的胡言乱语保持免疫。①

因而对一些人来说,求学生活(the learned life)是种义务。当下,看起来正是诸君的义务。我十分清楚,我们所考虑的大事与安排你去做的急务如化学公式或盎格鲁-撒克逊语音规律,很不搭调。不过在每一使命中,都有同样的打击在等待我们——一位年青牧师发现他身陷唱诗班的杂务,一位年青副官发现不得不去清点果酱罐。这是情理之中的事。它会淘汰那些虚荣、夸夸其谈之辈,留下那些谦卑而又坚毅之人。对于这种困难,我们无需浪费同情。可是,战争加给你的特殊困难,却是另一码事。关于这一困难,我还是会再次重复我从一开始就换着法儿说的那些老话——切莫让神经系统或情绪左右了你,使你夸大困境,以为你的困境颇为反常。略说三样心志工夫(mental exercises),或许对各位有用,或可用来防备战争为学者培养起来的三个敌人。

---

① 关于阅读古书对现代人之重要,详参路易斯《论古书阅读》(On the Reading of Old Books)一文。文见 Walter Hooper 主编的路易斯文集 *God in the Dock: Essays on Theology and Ethics* (Grand Rapids: Eerdmans, 1970),拙译该书将由华东师范大学出版社出版。

【§12—14. 战争为求学所培养的三个敌人】

第一个敌人是骚动不安(excitement)——本打算琢磨本职工作,却琢磨了战争,为战争动情。最好的防御策略是体认到,此刻与其他时刻一样。战争其实并未培养一个新敌人,而只是放大了一个老敌人。我们的工作有大量敌手,这是常有之事。我们时常坠入爱河,陷入口角,找工作或怕失业,生病又康复,执行公务。倘若我们纵容自己,我们将会一直坐等这份心事或那份心事完结之后,才能真正安心本职工作。成大学问者,只能是那些如此渴求知识,以至于在条件依然不利之时仍追求知识的人。有利条件,永不会来。当然,间或之间,内心如此骚动不安,以至于只有超人般的自制力才能抵制。这样的时刻,战争时有,和平时也有。我们必须竭尽全力。

第二个敌人是气馁(frustration)——感到我们没时间完成学业。没人有时间完成学业,无论在哪一学科,最长寿的人最终还是个初学者,要是我对你这样说,在你看来,我是说相当陈腐的大道理。假如你知道,即便正当盛年,却总有人很快感到人生苦短,感到在许多事情上,不得不说"没空"、"太迟了"以及"不适合我",你又会感到诧异。然而,自然本身可不许各位做如此之想。在一切年龄段均可获得的一种更合乎基督教的态度,会将未来交到上帝手中。我们也可以获得此态度。因为未来就在上帝手中,不管我们交没交给祂。无论和平与战争,切莫将你的美德或快乐寄托在未来。只有不大在乎长远规划却每时每刻做什么都是像"给主作的"那些人,工作才最快乐。神只鼓励我们祈求日用食粮。履行义务或接受恩典的唯一时刻,是现在。①

第三个敌人是恐惧(fear)。战争以死亡和痛苦威胁我

---

① 非永恒性,是人类面对的恒久问题。人世间的美好事物,无一例外,躲不过时间的冲刷。甚至说得残酷一点,恶往往还比善长久。基督教,当然也要处理这一课题。在《魔鬼家书》第 15 章,路易斯借大鬼 Screwtape 之口说,人类生活在时间之中,但上帝却命定他们进入永恒。如何跨越时间与永恒之间的鸿沟,基督教让人专注于两样事物:一是现在(Present)那个时间点,二是永恒本身(eternity itself)。这是因为:"现在是时间触及永恒的那一瞬间(For the Present is the point at which time touches eternity)。"(况志琼、李安琴译,华东师范大学出版社,2010,第 56 页)魔鬼引诱人的一大策略就是,让人脱离现在和永恒,转而关注过去和未来,尤其是让人将一切都寄托在未来。因为生理必然性(biological necessity)使得人的激情指向未来,所以,憧憬未来将点燃"希望与恐惧"(hope and fear)。也因为未来并不可知,故而憧憬未来使他们陷于虚妄(think of unrealities):"总之,在一切事物中,和永生最不相像的就是未来。它是捉摸不定的一段时间——因为过去已经冻结,不再流转移动,现在则有永恒之光照亮。……这是为什么几乎一切罪恶都扎根于未来。感恩是回顾过去,爱着眼于现在,恐惧、贪财、色欲和野心则眺望着未来。"(同前,第 57 页)大鬼 Screwtape 说,创造进化论(Creative)、科学人文主义(Scientific Humanism)都让人将全部激情寄托于未来,所以值得鼓励。

们。对于此等事情,人——尤其是对客西马尼①记忆犹新的基督徒——虽无须努力练就一种斯多葛式的不动心(a stoic indifference)②,但我们却可以防御想象之幻象。我们惦念着华沙街头,并将那里所发生的死亡与所谓生命(Life)这一抽象概念做对比。可是,对我们任何人来说,并无或生或死的问题,只有这么死或那么死的问题——是现在死于机枪扫射还是 40 年后死于癌症的问题。战争给死亡带来了什么?可以确定,它并未使死亡几率增高;我们百分之百都会死,这一比率不可能再高。它使得许多死亡提前。可是,说我们怕的就是这个,我实难苟同。③ 当然,要

---

① 客西马尼,圣经地名。橄榄山上的一个园子,在耶路撒冷汲沦溪的对面,确切位置不详。受难日前夕,耶稣在那里痛苦地祷告(《马太福音》廿六章 36 节)。

② 关于斯多葛式不动心(stoic indifference),参本书第 1 章第 1 段之脚注。

③ 路易斯在《生活在核弹时代》(On Living in an Atomic Age)一文中说,在核弹时代,人们往往夸大处境之新异,忘记了自己之必有一死:"换言之,我们不要从一开始就夸大了我们处境的新异(novelty)。相信我,亲爱的先生女士,你和你所爱的人,在核弹发明之前,就被判处死刑;而且,我们中间相当大的一部分人,将来之死并不安乐。相对于祖先,我们的确有个巨大优势——麻醉剂;但死亡仍一如既往。这世界本来就充满了苦痛之夭亡,在这个世界上,死亡本身并非机缘(chance)而是定命(certainty)。这时,因为科学家在给这个世界又添了一个苦痛之夭亡,就拉着长脸四处抱怨,这看起来颇为滑稽。"(见拙译《切今之事》,华东师范大学出版社,2015,第 120—121 页)

是死亡时刻来临,它的确使得我们身后的年数发生变更。它是否提高了我们的痛苦死亡(a painful death)的几率?我保持怀疑。就我所知,我们所谓的自然死亡,通常都以折磨为前奏;而战场则是为数不多的几个场合之一,在此人可以指望无痛死亡。战争是否减少了我们死亡时与神和解的几率?我很难相信。要是主动服役并不能使人为死亡做准备,那么,什么样可以想见的环境能够如此?然而,战争的确影响了死亡。它迫使我们记起死亡。60岁得癌症或75岁残废之所以不会使我们烦心,其唯一原因就是,我们忘记了它们。战争使得死亡对我们变得真实,而对于过去的绝大多数基督徒来说,这恰好是战争的福音之一。他们认为,战争有利于我们常常意识到自己之必有一死。我则情愿认为,他们是对的。我们身上的全部动物生命(animal life),所有以尘世为中心的幸福方案,最终总是注定受挫。在日常时刻,只有聪慧之人才能意识到它。如今,我们中间最愚钝之人都知道了。我们再也不会看错,我们一直居于其中并与之虚与委蛇的宇宙,是何种宇宙。要是我们曾对人类文化寄予非基督的厚望,那么这些厚望如今被动摇。要是我们曾认为自己在尘世建立天堂,要是我们曾寻求某种事物,指望它把俗世由朝圣之地变为满足人类灵魂的永恒之城,那么,我们愿望破灭,而且破灭得不算太早。可是,要是我们曾经认为,对于一些灵魂来说,在某些时候,以谦卑之心奉献给上帝的求学生涯,在其力所能及的范围内,就是通往我们此生以后希望乐享的神圣实存和神圣之美的一条道路,那么,我们现在仍可作此想。

三 我缘何不是和平主义者[①]

(1940)

Why I Am Not a Pacifist

【译按】关于和平主义,此文堪称驳论之典范。倘若总是有大批知识人,急于站队急于表立场急于政治正确,那么,此文更是一剂良药。即便你我读后,还是支持和平主义,但我们总算见识了,急于表立场,是一种思想短路。

【§1—2. 良知可诉诸论辩】

响应我们自己所属的公民社会之号召,战时服役,到底

[①] 1940 年,路易斯在牛津的一家和平组织内宣读本文。

是个邪恶举动,或无所谓道德不道德,还是一种道德必须?问如何就此问题作出决断,其实是在问一个更基本的问题:我们如何决断善恶?通常的答案是,我们靠良知(conscience)作决断。可是目下,大概无人认为良知就像感官(senses)一样,是一种独立机能(a saparate faculty)。① 的确不能这样看待它。因为感官之类的独立机能(an autonomous faculty),无可置辩;你不可能说服一个人去看到绿色,假如他看到的是蓝色的话。但是良知可藉论辩加以更动。要是你认为并非如此,那么,当民法告诉我们要战时服役,各位也就不会请我来,一起讨论遵从民法道德与否的问题。这样说来,良知是指,投入到特定事务之中的完全的人。②

不过,即便在此意义上,良知仍有两重含义。它意味着:(1)一个人的意志所承受的压力,要他去做他认为正当

---

① 在《神学大全》第一集第七十九题"论智性机能"第12、13节,托马斯·阿奎那论证说:"良知不是一种机能,而是一种习性。"(圣多玛斯·阿奎那《神学大全》第八册:论创造人类与治理万物,刘俊余译,台南:碧岳学社,2008,第104页)"严格地说来,良心不是机能,而是一种行动。……但是由于习性是行动之根本,有时用'良心'一名来指最初的自然习性,即良知。"(同前,第106页)

② 原文为"the whole man engaged in a particular subject matter"。其中 the whole man 与上文所说的机能(faculty)相对,故译为"完全的人"。

之事;①(2)是非判断。就第一义而言,良知常被遵从。它正是天地之主(the sovereign of the universe):"倘若它如有义那般有势,它就绝对会主宰世界。"②它不容置辩,只有遵从,甚至连向其献疑也是罪过。可就第二义而言,事情就大不一样了。人会颠倒是非;绝大多数人在某种程度上都会弄错。藉何种手段,此领域之错误可得改正?

【§3—5. 理性思考中,唯直觉毋庸置辩】

在此,最为有效的类比是理性(Reason)——我用理性一词,并不是指某种独立机能,而又是指作判断的完全的人(the whole man judging)。只不过此时之判断非关善恶,而是关乎真伪。任何具体的推理训练,都牵涉到三个要素:其一,接受事实,以供推理。我们所接受之事实,要么来自自

---

① 路易斯在《返璞归真》卷一第1章里指出,争吵这一现象就表明,人心中总有个"是非之律"(Law or Rule about Right and Wrong)。这个是非之律,就是人们通常所说的"天理"(the Law of Nature)。关于此天理,有两个基本事实:"第一,人之为人,不问你在地球上何处,都有一个奇怪想法,就是人人都应照某种常理来行动,不能没有它。第二,人之为人,事实上不能真照常理来行动。他们都知道这个人理,却又破坏它。"(余也鲁译,香港:海天书楼,2000,第6页)换言之,人之为人,在于知天理却又不愿行天理,四处给自己找借口。

② 原文是"if it had the power as it has right, would absolutely rule the world."语出约瑟夫·巴特勒(Joseph Butler,1692—1752)的 *Fifteen Sermons Preached at the Rolls Chapel*(1726)一书第二章。

身官能,要么来自对他人心灵之记述;也就是说,为我们提供材料的,要么是经验要么是权威。只不过,每个人的经验都如此有限,因而第二来源往往更为经常。藉以推理的100个事实当中,99个仰赖权威。其二,有一种直截了当的心灵活动,察觉自明真理。比如我们都明白,假如 A 与 B 均等于 C,那么 AB 二者相等。这一活动,我称之为直觉(intuition)。其三,还有一种艺术或技巧,排列事实,以产生一系列此类直觉。这些直觉关联起来,证明我们正在考量的命题之真伪。因而,在几何证明里,每一步都因直觉而明白(seen by intuition)。明白不了,就不是一个糟糕的几何学家,而是个白痴。技巧就在于,把材料排列成一系列直觉"步骤"(intuitable "steps")。做不到这一点,并不意味着愚蠢,只是意味着缺乏天分或创想。跟不上步子,并非意味着愚蠢,而是意味着要么不专注要么记忆力差,正是后二者令我们无法将直觉聚拢到一块。①

---

① 西蒙娜·薇依曾说,教育之目标就是培养专注(attention):"注意力的培养是学校教学的真正目的,并且可说是唯一的意义所在。"(the development of the faculty of attention forms the real object and almost the sole interest of studies),见薇依《在期待之中》,杜小真、顾嘉琛译,三联书店,1994,第55页。

这样说来,更正推理之中的错误,其实就是更正第一个要素或第三个要素。第二个,即直觉要素,若错了,不可能得到更正;若匮乏,不可能得到补充。你能为人提供新的事实。你能构想一个更为简洁的证明,即对直觉真理的一个更简洁的链接。然而,一旦涉及某种绝对无能(absolute inability),即无法明白证明得以建立的任何自明步骤,这时,你无能为力。无疑,这一绝对无能,比我们所料想的,要罕见得多。每位教师都知道,虽然人们经常抗议说"无法明白"某些自明真理,但是这种料想的无能,往往是拒绝明白:①要么源于不想明白该真理的某种偏激(passion),要么源于根本不想去思考的怠惰(sloth)。然而,每当这一无能实实在在,论证就走到了尽头。你无法藉论证来制造理性直觉(rational intuition),因为论证端赖理性直觉。证明栖息于不能证明者之上,后者只能"明白"(seen)。因而,直觉机能无药可救。但这不是说,它不可能藉培养专注及禁绝偏激而得到训练,它不可能因相反习惯而被败坏;而是说,

---

① 路易斯此处所谈,与《孟子·梁惠王上》区分"不能"与"不为"近似:"'不为者与不能者之形何以异?'曰:'挟太山以超北海,语人曰我不能,是诚不能也。为长者折枝,语人曰我不能,是不为也,非不能也。'"

论证救治不了它。

在离开理性这一论题之前,我必须指出,权威不仅与生产原料(即"事实")的经验相联系,而且常常不得不替代推理本身,用作获取结论的一种方法。例如,即便我们所相信的真理只有百分之十基于推理,我们也很少有人一步一步去推理。我们基于专家之权威而接受了它们。这么做是明智的,因为,尽管我们时常因此而上当,但是我们若不这样,我们将不得不像蛮人(savages)那样活着。①

【§6—9. 良知之中,亦唯道德直觉毋庸置辩】

这三要素亦见于良知。如前,其事实来自经验及权

---

① 在许多现代话语中,"反权威"的姿态似乎成了一种政治正确。针对这一现代习惯,路易斯在《返璞归真》卷二第5章劝告我们:"不要被'权威'这个词吓倒。相信权威的意思是,你之所以相信某事,是因为说话者是一个你认为可以信赖的人。我们相信的事情有百分之九十九来自权威。我相信有纽约这个地方。我自己没有见过纽约,也不可能通过抽象的推理证明这个地方一定存在,我之所以相信,是因为有可以信赖的人告诉了我。一个普通人相信太阳系、原子、进化、血液循环,他的相信来自权威,因为科学家是这样说的。我们对世界上每一起历史事件的相信都来自权威。在座的没有人见过诺曼底征服,也没有人见过西班牙无敌舰队的惨败,没有人能像在数学中那样通过纯粹的逻辑证明这些事。我们相信它们确实发生,是因为这些事件的目击者留下了记录,这些记录告诉我们,我们相信的实际上是权威。像有些讨厌宗教权威的人一样,讨厌其他权威的人也不得不抱怨自己一辈子一无所知。"(汪咏梅译,华东师范大学出版社,2007,第72—73页)

威。我并非是指"道德事实"(moral facts),而是指关于行动的那些事实。未掌握这些事实,我们根本无法提出道德问题。因为我们甚至不会讨论和平主义,要是我们不知战争和杀人意味着什么;我们不会讨论贞洁(Chastity),要是我们还不懂校长通常所谓的"性知识"(the facts of life)。其二,有对纯然之善与纯然之恶本身的纯粹直觉。其三,有个论证过程。藉此过程,你安排这些直觉以说服某人,某一特定举措是对是错。最后,还有作为论证之替代的权威,告诉人一些他不然就不会发现的对与错。接受权威无可厚非,假如这人有足够理由相信,此权威比自己更良善更聪慧的话。理性与良知之主要区别,煞是惊人。也就是,当考量真伪,性命攸关的那些无可置辩的直觉,有可能被偏激(passion)所败坏;当考量善恶,它们则更是极有可能、而且几乎肯定会被偏激败坏。因为这时,我们关心的是,自己此时此地是否要采取一些行动(actions)。除非我们怀有行动与否之意愿,否则我们就根本不会考虑那个行动。因而在这一领域,我们打一开始,就有受贿之嫌。于是,相对于理性领域,在良知领域由权威审查(checking)以至否决(superseding)我们自身的行为,其价值要大得多。

也正因为此,人类几乎在他们拥有道德直觉之前,先须接受顺从道德直觉的训练。① 至于他们有足够的理性去讨论它们,更是多年以后之事了。否则,在讨论年龄到来之前,道德直觉已被败坏。

这些基本道德直觉(basic moral intuitions),是良知之中唯一不容置辩的要素;倘若会有观点分歧,分歧之一方又无道德白痴之迹象,那么,它就不是一种直觉。基本道德直

---

① 这类训练,似乎是古典教育之通则。如贾谊《新书·保傅》云:"故太子初生而见正事,闻正言,行正道,左右前后皆正人也。习与正人居之,不能无正也,犹生长于楚,不能不楚言也。故择其所嗜,必先受业,乃得尝之;择其所乐,必先有习,乃能为之。孔子曰:'少成若天性,习贯若自然。'是殷周之所以长有道也。"(《新书校注》,阎振益、钟夏校注,中华书局,2000,第184页)柏拉图亦有相通之论:"因此我想说,婴儿最先获得的是关于痛苦和快乐的知识,灵魂首先在这个地方获得美德或邪恶。因为一个人若是获得智慧和确定的真实信念,哪怕是在他老年时期获得的,也可以说他是非常幸运的,而且在各种情况下,拥有智慧和真实信念的人同时也能得到与智慧和真实信念相伴的幸福,使人生状态圆满。因此,所谓教育,我指的是善的获取,它的最初形式就是儿童所获得的那个样子。事实上,如果快乐以及与快乐相似的东西,痛苦以及与痛苦相似的东西,在达到获得理智的年龄之前就已经在灵魂中形成,那么等这个年纪一到,由于早年在习惯方面接受的约束是适当的,这些感觉就会与理智一致,这种一致作为一个整体就是美德。但若你考虑到其中的一个因素,即对快乐和痛苦的状态进行正确的约束,使人从一开始就厌恶他应当厌恶的东西,爱好他应当爱好的东西——如果你把这个因素分离出来,并称之为教育,那么你就做对了。"(《法篇》653,见《柏拉图全集》第三卷,王晓朝译,人民出版社,2003)

觉是意志之终极取舍：取爱而舍恨，取幸福而舍不幸。纵然总有人如此败坏，以至于连这些直觉都已丧失，恰如总是有人无法明白最为简单的证明（proof），但大体言之，这些直觉可以说乃人性本身之声音（the voice of humanity as such）。它们不容置辩。就在这里，麻烦来了。人们时常宣称，一些道德判断具有不容置辩且无可辩驳之席位，可它们其实根本不是直觉，而只是直觉之遥远推论或特定应用。这些道德判断显然可以讨论，因为推论之得出可能不合逻辑，或可能应用不当。

于是你或会碰见一个"节制"狂，他宣称具备一种无可辩驳的直觉，即一切烈性酒都应禁绝。可实际上，这一点都不是无可辩驳的直觉。真正的直觉是，健康与和谐（harmony）是好的。接着有个来自事实的大致概括（generalization），即醉酒导致疾病和争吵；假如这一克己狂碰巧是个基督徒，那么可能还有一个权威声音说，身子就是圣灵的殿。① 于是就有了一个结论说，那些往往被滥用的，最好根

---

① 典出《哥林多前书》六章19—20节："岂不知你们的身子就是圣灵的殿吗？这圣灵是从神而来，住在你们里头的；并且你们不是自己的人，因为你们是重价买来的，所以要在你们的身子上荣耀神。"

本别用——这结论显然大可商榷。最后是这样一个过程，藉此过程，早先的联想、自大之类的东西将此遥远结论变成某种他认为不容置辩的东西，因为他并不希望就此展开论辩。

这样说来，我们的道德决断的首要规则（the first canon for moral decision）就是：第一义上的良知，即推动我们行正义之事的东西，具有绝对权威；第二义上的良知，即我们关于何为正义之事的判断，则是个大杂烩，其中有不容置辩之直觉，也有大可存疑的推理过程或俯从权威。任何东西，除非善人做梦也不会对其心生疑虑，方可被视为一种直觉。要是有人"只感到"全面禁酒或婚姻乃义不容辞，这种人与那种"确实只感到"《亨利八世》并非莎士比亚之作或疫苗接种没有好处的人，相差无几。因为只有当我们对待公理（the axiomatic）之时，才有不容置辩之信念；而这些看法，并非公理。

【§10. 极端和平主义并非基于道德直觉】

因而，从一开始，我就排除了一种和平主义立场。虽然当前大概无人持此立场，但有人秉持也在情理之中——有人宣称，他根据当下之直觉（immediate intuition）就知道，取人性命任何情形下都是一种绝对的恶。① 对于那些藉助推理或权威抵此结论的人,我可与之论辩。对于宣称并非抵此结论而是由此启程的那些人,我只能说,他无权拥有他所声称的那类直觉。他误将一种观点(opinion)或更有可能误将一种偏激(passion),当作一种直觉。这样对他说,当然可能有些粗鲁。对他,我们只能这样说:假如他不是个道德白痴,那么很不幸,人类这一物种的其余部分,包括其最聪慧最善良者,就是道德白痴;只能对他说,这样的鸿沟,论证不可能跨越。

【§11. 道德判断之四要素:事实、直觉、推理及权威】

排除了这一极端情形之后,我反过头来探讨,我们如

---

① 尼古拉斯·布宁、余纪元编著《西方哲学英汉对照辞典》(人民出版社,2001)释"和平主义"(pacifism):

[源自拉丁文:pacificare,使处于和平状态]一种反对把战争作为达到国家的目的或解决争端的手段的主张。更广义地讲,它反对任何形式的杀害和暴力。它甚至认为用武力反对武力是错误的,没有特别的、压倒一切的正当理由任何人都不能使用武力。和平主义提倡合作和协商,并积极鼓励促进和平的活动。绝对的和平主义认为战争和暴力从本质上就是错误的,是不可能为之辩护的。批评家们争论说,和平主义者没有区分侵略与正义战争中正当的国家的防卫,也没有区分有意的伤害或杀害与合法的个人自卫。很多形式的和平主义是有条件的,因为它们认为战争和暴力不言而喻是错误的,但又允许制服这种错误。就这方面而言,它们与其对立面正义战争的理论又是相近的。

译按:路易斯此处所言的和平主义立场,似指上述词条中绝对的和平主义。

何就一道德问题作决断。我们已经看到,每一道德判断都涉及事实、直觉及推理,而且如果我们足够明智以至于谦卑,它还会涉及对权威的某种尊重。道德判断的力量取决于这四个要素。因而,假如我发现自己据以工作的事实明明白白、几无争议,基本直觉(basic intuition)毫发不爽地是直觉,那些将这一直觉与特定判断连结起来的推理也雄辩有力(strong),我与权威所见略同或(最次最次)没有分歧,那么,我就可以怀着合理的信心,相信我的道德判断。此外,假如我发现,基本没有理由假定有什么激情悄悄左右了我的心灵,那么,我的信心就更得加强。反过来,倘若我发现事实可疑,所假定的直觉对所有好人来说一点也不昭然若揭,推理软弱无力(weak),权威也反对我,那么就应得出结论,我大概弄错了。此外,倘若已得出的结论,原来迎合了我自己的某些激情,那么,我的疑虑就应当深入到道德确定性(moral certainty)。我用"道德确定性"是指,切合道德决断的确定程度。因为这里寻求的,并非数学确定性(mathematical certainty)。现在,我将这些检验用于此判断:"当我自己所属的公民社会要求我服役参战,顺从就是不道德。"

【§12—14.和平主义在事实层面软弱无力】

首先来看其事实。各方公认的主要相关事实就是,战争很是令人不快。和平主义者当作事实来鼓动人心的主要论点就是,战争往往弊大于利。一个人如何发现,这是否正确？这一问题属于历史概括(historical generalization)一类。历史概括涉及一个比较,即,把某些实际事件之实际后果,与要是这些事件并未发生会带来的后果作比较。"战争有害无益"涉及这一命题:要是希腊屈服于薛西斯①,要是罗马屈服于汉尼拔②,此后之历史进程或许会变得更好,而

---

① 指公元前500—前449年间的希波战争。经过四十余年的艰苦抵抗,几个小小的希腊城邦,最终战胜当时世界上头号军事强国波斯帝国。古希腊史家希罗多德将这场战争看作是专制与民主、暴政与自由之间的斗争。(参[美]斯塔夫里阿诺斯:《全球通史:1500年以前的世界》,吴象婴、梁赤民译,上海社会科学院出版社,1999,第76—77页)

② 指公元218—前201年间的第二次布匿战争,这是史上著名的以少胜多的战争。公元前218年,迦太基的伟大战略家汉尼拔,率军翻越罗马人视为天然屏障的阿尔卑斯山,入侵意大利。汉尼拔所向披靡。尤其是著名的坎尼战役(公元前216年),约7万人的罗马军团,遭全歼。但罗马坚持住了,并于公元前212年开始反攻。西庇阿统帅的罗马军团,出兵迦太基本土。汉尼拔奉召从意大利回国驰援,所向无敌的他,在本国最终落败。公元前201年,迦太基被迫缔结和约,结果,仅保留一小块本国领土、城墙和十艘舰只——仅够驱逐海盗。罗马史家弗洛鲁斯(公元1—2世纪)认为,这场战争是罗马历史的决定性转折点。(参斯塔夫里阿诺斯《全球通史:1500年以前的世界》,第231页。亦参德尼兹·加亚尔 等著《欧洲史》,蔡鸿宾等译,海南出版社,2002,第103—104页)

且可以确定,不会差于实际历史进程。也涉及这一命题:与希腊之后就是罗马的这一实际的地中海世界相比,波斯之后继而由迦太基主宰的地中海世界①,至少对后代是一样地好,一样地幸福,一样地成果斐然。我要指出的,并不是这类观点在我看来纯属无稽;而是这两个观点全是玄辨(merely speculative),我们想不出任何途径说服一个人接受任何一个。说实在的,可疑的是,关于"本会发生什么"——即未曾实现的可能性——的整个构想,是否只不过是种想象策略(imaginative technique),来给实际发生之事提供一个颇为动听的说法。

战争有害无益这一命题,于是乎就远非一个事实,甚至都连个历史观点(a historical opinion)都算不上。说是"现代战争",也于事无补。我们如何去决断,要是欧洲1914年向德国投降,其总体后果是好是坏?诚然,战争从未完成交战双方头领所声称的一半好处。没有事情能成就所期许的一半的善,或许也没有事情能成就所期许的一半的恶。这也许是个可靠论证(a sound argument),让人不要把宣传调

---

① 假如希波战争中希腊投降,假如第二次布匿战争中罗马投降,那么,地中海世界之主宰者就先是波斯,后是迦太基。

门唱得太高。但这却不是反对战争的论证。假如1914年的德国化了的欧洲是一种恶,那么,制止了那个恶的那场战争,就此而论,即为正当。因它未消灭贫民窟及失业,而判它无用,就像是走近一个刚刚脱离虎口的人,对他说:"老伙计,这是白费。这没治好你的风湿。"

于是,在检验事实时,我发觉和平主义立场软弱无力。在我看来,历史上满是有益战争,也满是无益战争。假如对显见益处的所有反驳,都只是关于"本会发生什么"的纯玄辨,那说服不了我。

【§15—18. 直觉层面:与人为善律推不出和平主义】

接下来看看其直觉。直觉一经找到,便无须再议;唯一的危险就是,我们误将本是结论因而需要论证的东西,当作直觉。我们要找的是,好人从无异议的东西;我们在寻求共识(platitude)。相关直觉似乎是,爱是善,恨是恶;或者说,助人是善,害人是恶。

我们接下来考量,推理是否会将我们从这一直觉引向和平主义结论。我首先注意到的是,直觉不会导向行动(action),除非它得到某种限定。你不可能与抽象之人为抽象之善(do *simply* good to *simply* Man);你必定是与或此或彼之人为或此或彼之善。① 而且,假如你为此善,那么你就不能同时为彼善;假如你与这些人为善,就不会也与那些人为善。因而从一开始,与人为善律(the law of beneficence)就牵涉到,在某时不与某人为某善。于是就有了这些规则,据我所知尚无人质疑:我们应帮助自己答应帮助的那个人,而不是他人;我们应帮助一个恩人,而不是对我们无特别要求之人;应帮助一个同胞,而不是一个陌生人;帮助一个亲人,而不是仅为同胞的人。② 这事实上往往就意味着,以乙为代价去帮助甲,把甲拉上岸时乙则溺水。或早或迟,就会牵涉到帮助了甲,却对乙有某种程度的实际侵犯。而当乙与甲为敌之时,你就必须要么毫无作为(这违背直觉),要么你必须帮助这个反对那个。

---

① 藉成语"与人为善"及哲学里的"抽象"与"具体"之别,意译。关于后一区别,路易斯《个人邪说》(*The Personal Heresy: A Controversy*)第五章里的这段话,可供参检:

在时空中,从来没有一种单单称为"生物"的东西,只有"动物"和"植物";也没有任何单单称为"植物"的东西,有的是树木、花朵、芜菁等;也没有任何单单称为"树木"的东西,有的是山毛榉、榆树、桦树等;甚至没有所谓的"一棵榆树",有的是"这棵榆树",它存在于某时代的某年、某天的某小时,如此承受着阳光,如此成长,如此受着过去和现在的影响,提供给我、我的狗、树干上的虫、远在千里外怀念着它的人,这样或那样的体验。

的确,一棵真正的榆树,只有用诗才能形容透彻。(见《觉醒的灵魂2:鲁益师看世界》,寇尔毕编,曾珍珍译,台北:校园书房,2013,第238页)

② 墨家有"爱无差等,施由亲始"之说,路易斯此言与之类似。

我们的良知当然不会告诉我们去帮助乙,即有罪的一方。因而,还是要去帮助甲。直至目前,我想,我们都意见一致。即便这一论证之归宿,还不是一个反和平主义的结论,那我们也必须在两个驿站之间二择一了:你要么必须说,侵犯乙是合法的(lawful),只要没有杀人;要么你必须说,杀死个体的确合法,而一场战争中的群体厮杀则并不合法。

关于前一选项,我承认这个一般命题:对乙少些伤害,要比对乙多些伤害更为可取,只要它在制约乙时同样有效,只要它对每个相关人士都同样地好,其中也包括乙——乙之要求(claim)比其他所有相关要求都卑下,但并非不该存在。但我并不由此得出结论说,杀死乙总是错误。在某些例子中——例如在一个小国寡民之社群,处死或许就是唯一有效的制约方法。在任何社群,或许值得珍视的是其对民众之效果:不只是杀鸡儆猴,而且表现了特定犯罪之道德重要性。至于乙本人,我想,一个坏人在犯罪数周之后被处死,与24年后死于狱中医院,结出好果的可能性至少一样大。①我并非在提出论

---

① 详参路易斯的《人道主义刑法理论》(The Humanitarian Theory of Punishment)一文,文见 Walter Hooper 主编的路易斯文集 *God in the Dock: Essays on Theology and Ethics*(Grand Rapids: Eerdmans, 1970),拙译该书将由华东师范大学出版社出版。

证,说明死刑定然正确;我只是在坚持,它并非定然错误;好人对此产生分歧,无可厚非。

关于第二选项,此立场仿佛要清楚得多。说离开死刑,罪犯总能令人满意地得到处置,这尚有待商榷。而整个国家为所欲为肆无忌惮,除非藉助战争否则不能制止,则是可以确定的。几乎同样可以确定的是,某社群吞并其他社群,是一种大恶(great evil)。战争通常是一种更大的恶(greater evil),这一教义仿佛隐含着一种唯物主义伦理,相信死亡和痛苦就是至恶(greatest evil)。可我并不如此认为。我认为,用一种低级宗教压制一种高级宗教,甚或用一种低级的世俗文化压制一种高级的世俗文化,为恶更甚。战争中我们击毙的大多数个体都是无辜的,此事实并不令我特别心动。在某种程度上,这一事实看来并非使得战争更坏,而是更好。所有人都终有一死,而且绝大部分死亡都充满苦痛。敌对双方的两位士兵,各自相信其祖国在正义一方。各方的自私之心均搁置一旁,舍身之志则如日中天。当此之时,他们在战争中应当杀死对方,在我看来并非这个十分可怕的世界上最可怕的事情之一。当然,他们中间(至少)有一个在错误一方。当然,战争是个特大的恶。但问题并不在此。问题是,战争是否是这个世界上的至恶,因而从投降而来的任何事态都定然可取?对于这一观点,我并未看到任何有力论证。

【§19. 和平主义政治,要么徒劳无功要么自掘坟墓】

从直觉得出和平主义结论的另一企图,更具政治和算计色彩。即便战争并非至恶,也是大恶。因而,如果能够,我们都乐意消除战争。而每场战争只会导致另一场战争。所以,必须努力消除战争。我们必须藉助宣传,在每个国家增加和平主义者之数量,直至这一数量大得足以制止国家走向战争。这在我看来,是颠预(wild work)。只有自由社会才容得下和平主义者。在自由社会中,和平主义者之数量要么足够大,足以使得国家不再好斗,要么数量还不够大。假如还不够大,那么你徒劳无功;假如数量够大,那么你就将容得下和平主义的国家,拱手让给了容不得和平主义的极权邻居。这种和平主义,是抄近道去一个不存在任何和平主义者的世界。①

---

① 路易斯的《毕林普恐惧症》(*Blimpophobia*)一文中说:"我们从过去二十年的经验得知,那种怕这怕那(terrified)而又愤激的(angry)和平主义,是通向战争之路。"(见拙译路易斯《切今之事》,华东师范大学出版社,2015,第64页)

【§20.人们总喜欢寻求一揽子解决】

或许有人会问,既然藉和平主义消灭战争的希望如此渺茫,那么是否还有其他希望?可我发现,这么发问,其思维方式与我相距甚远。它基于这一假定:只要我们能找对药方,人生中恒久的大苦痛,必然可以治愈。于是它开始化简,并总结说留下的必定就是药方,无论所留下的多么不像是药方。这样才有了这些狂热:弗洛伊德主义者、优生学家①、唯灵论者②、社会信贷论者③、联邦

---

① 优生学,研究如何应用遗传技术改善人类素质的学科。最先全面阐述优生学的,是英国科学家、达尔文的表弟高尔顿(Francis Galton,1822—1911)。他在《遗传的天赋》(1869)一书中建议,安排杰出的男人与富有的女人联姻,会产生一个杰出种族。他于1883年创造"优生学"(eugenics)一词,并终生鼓吹。优生学在现代世界获得大量支持者,尤其是在美国。直至纳粹利用优生学搞种族灭绝,方令其名誉扫地。(参《不列颠百科全书》第6卷148页)

② 尼古拉斯·布宁、余纪元编著《西方哲学英汉对照辞典》(人民出版社,2001)释唯灵论(spiritualism):"唯灵论宣称,世界的终极本质是精神或灵魂而不是物质。肉体只是一种现象的存在,作为精神实在的一种表现,它把精神或思想作为它的惟一基础。从这个意义上讲,它是唯心主义的同义语,并且是反对唯物主义的。唯灵论各种形式的不同在于它们是如何刻画精神在世界中的根本性作用的。"

③ Douglasites,指道格拉斯计划之支持者。所谓道德格拉斯计划(Douglas Scheme),由英国工程师、《社会信贷论》(*Social Credit*,1924)之作者道格拉斯(C. H. Douglas,1879—1952)于20世纪20年代提出。他的基本思想是,为使生产摆脱价格机制的羁绊,医治国家经济中购买力不足之顽症,必须给消费者增发货币,给生产者发放补贴。(参《不列颠百科全书》第5卷385页)

论者①、素食主义者等等。然而我并未得到任何保证，我们所能做的事情，有什么会消除苦难。我认为，最好结果之获得，端赖于那些默默无闻地致力于有限目标的人，比如取消奴隶贸易、监狱改革、工厂法案、肺结核；而非赖于那些自以为能达成普遍公义、健康或和平的人。我认为，生活之艺术（the art of life）在于尽我等所能应对每一当下之恶。藉聪明的政策来避免或推迟战争、藉军力使得某场战斗减短、藉善待俘虏及平民百姓减少战争恐怖，这都比所有那些普遍和平论更为有益。恰如与那些自认为拥有某种方案，以培育健全人类的人相比，能治愈牙疼的牙医，更配得上人道之名。

【§21—23. 人间权威反对和平主义】

因而我没有找到任何清晰而又恰当的推理，会从与人为善这个一般准则（the general principle of beneficence）得出结论，说假如合法权威号召我从军我必须不服从。接下来我考察权威。权威要么是专门的（special），要么是普遍的（gener-

---

① federal union 是英国的一个亲欧组织，发起于 1938 年。它提倡在二战以后，以欧洲联盟（Federal Union of Europe）作为目标。1956 年，它力主英国加入欧洲经济共同体（European Economic Community）。直至今日，它依然存在，力主全欧以至全世界实行联邦制。（参英文维基百科）

al);还有,要么是人间的(human),要么是神圣的(divine)。

就此事而论,我所信赖的人间专门权威(special human authority),就是我所属的社会。这一社会藉其战争宣言,已经裁决这一特定的和平主义败诉;它藉其数百年的制度和实践,已经裁决普遍意义上的和平主义败诉。假如我是个和平主义者,那么,亚瑟王与阿尔弗雷德大帝、伊丽莎白与克伦威尔、沃波尔与柏克①,都会反对我。我的大学、中

---

① 路易斯在此历数英国历史上几位主要人物。亚瑟王(Arthur),英格兰传奇人物。据传说,在日耳曼人入侵时期,他以凯尔特人的英雄身份登场,击溃日耳曼人。公元12世纪起,亚瑟王的故事由欧洲吟游诗人传颂各地。其传布之广,据说仅次于《圣经》和莎士比亚的戏剧。阿尔弗雷德(Alfred,849—899,亦译阿佛列),西撒克逊国王,大学问家,作家。因统帅臣民英勇抵抗北欧维京海盗入侵,被后世尊为阿尔弗雷德大帝(Alfred the Great),同时也是英格兰唯一一位被授予"大帝"(the Great)名号的君主。伊丽莎白一世(Elizabeth I,1533—1603),都铎王朝最后一位君主,英格兰与爱尔兰的女王,也是名义上的法国女王。1558—1603年在位期间,使英格兰成为欧洲最强大的国家之一。莎士比亚的大部分戏剧,即出现于此时期。她终身未嫁,因此被称为"童贞女王"。也被称为"荣光女王"、"英明女王"。克伦威尔(Oliver Cromwell,1599—1658),英国革命家,政治家,军事家,宗教领袖。在1642—1648年两次内战中,先后统率"铁骑军"和新模范军,战胜了王党的军队。1649年,在城市平民和自耕农压力下,处死国王查理一世,宣布成立共和国。1653年,建立军事独裁统治,自任"护国主"(Lord Protector of the Commonwealth)。沃波尔(Robert Walpole,1676—1745),英国政治家。后世普遍认为他是英国历史上第一位首相,尽管"首相"一职当时尚未得到法律认可。柏克(Edmund Burke,1729—1797),18世纪下半叶英国最负盛名的政治理论家,《法国革命论》一书是其最为著名的一部著作。

小学及父母,都会反对我。祖国之文学会反对我,甚至在打开我的《贝奥武甫》、我的莎士比亚、我的约翰逊或我的华兹华斯时,①难免不受谴责。当然,这一英格兰权威并非终极权威。一言九鼎之权威(conclusive authority)与无足轻重之权威(authority of no weight at all),毕竟有别。关于这一近乎无名的英格兰权威,有多大分量,人们可能会有分歧。在此,我并不关心任何掂量,而只是注意到,无论其分量如何,它都反对和平主义。另外,此社会有恩于我,因为它生我、养我、教育我,其教育容许我成为一个和平主义者,其宽大的法律容许我继续作和平主义者。这一事实,当然更使我有义务将此权威纳入考量。

关于人间专门权威就说到此。人间普遍权威(general human authority)之裁决,也同样清楚。从历史伊始一直到

---

① 路易斯在此历数英国文学史上的几座高峰。《贝奥武甫》(*Beowulf*),英国文学的开山巨著,中世纪欧洲第一部民族史诗;莎士比亚(1564—1616),其剧作之伟大,名列英国文学史之首;约翰逊(Samuel Johnson,1709—1784),英国诗人、散文家和词典编纂者,大概是莎士比亚之后,英国文学史上最著名、最经常被引用的一个人物;华兹华斯(William Wordsworth,1770—1850),英国主要的浪漫主义诗人和桂冠诗人。

雅典娜号之沉没①,这个世界上一直回响着正义战争之讴歌。做一个和平主义者,我就必须与荷马和维吉尔分道扬镳,与柏拉图及亚里士多德,与查拉图斯特拉及《薄伽梵歌》(Bhagavad-Gita),与西塞罗及蒙田,与冰岛及埃及分道扬镳。② 由此看来,我差不多要藉约翰逊答复哥登史密之语,来答复和平主义者:"先生,如果你不以全世界人类的意见为前提,我也没有什么话好说。"③

---

① 原文为 the sinking of *Terris Bay*,大概是指二战初期著名的"雅典娜"号事件。1939 年 9 月 3 日晚,英国客轮"雅典娜号"(*SS Athenia*)运载 1400 名乘客,正从利物浦向加拿大的蒙特利尔行驶,在赫布里底群岛以西 320 公里的洋面上,被德国潜艇在未示警的情况下击沉,112 人遇难。(参英文维基百科)

② 荷马(Home,公元前 8 世纪),古希腊诗人,史诗《伊利亚特》和《奥德赛》之作者;维吉尔(Virgil,公元前 70—前 19),古罗马诗人,史诗《埃涅阿斯纪》(*Aeneid*)之作者;柏拉图(Plato,公元前 428—前 347)及其学生亚里士多德(Aristotle,公元前 384—前 322),希腊哲学家;查拉图斯特拉(Zarathustra,亦译"琐罗亚斯德",约公元前 628—前 551),波斯先知;《薄伽梵歌》(*Bhagavad-Gita*),印度教之诗体经文,成书年代约公元前 2 世纪;西塞罗(Marcus Tullius Cicero,公元前 106—前 43),古罗马政治家演说家;蒙田(Montaigne,1533—1592),法国思想家。冰岛在此可能是指冰岛史诗《埃达》(*Eddas*),包括旧的诗体《埃达》和新的散文体《埃达》。至于埃及,可能是指埃及的古老智慧,路易斯《人之废》(*The Abolition of Man*,1943))之附录有大量摘引。

③ 原文为:"Nay Sir, if you will not take the universal opinion of mankind, I have no more to say."语出鲍斯威尔(Boswell)的《约翰逊传》(*The Life of Samuel Johnson*)。更长一点的引文是:"可是先生,(转下页注)

【§24—25. 消解人间权威的两条流俗根据】

我清楚,虽然胡克(Hooker)认为,"普遍且恒久之心声即是上帝亲身之裁决",①但是,许多人听后就是不大上心。对人间权威的这一轻蔑,可能有两条根源。它要么源于这一信念,即人类历史是一条单线的、由坏到好的简单运动——所谓的进步信念——因而,任意一代通常在各方面都比一切前代更聪慧。对有此信念的那些人来说,我们的祖先都被超越(superseded)。断言昨日之前整个世界都错了,而现在突然都对了,这样说仿佛不是不合情理。我承认,我跟这种人无话可说,因为我并不共享他们的基本预设。信仰进步者,正确地注意到,在这个机器世界,新式机器超越老式;从这一点,他们错误地推出在德性和智慧之类

(接上页注)如果你不以全世界人类的意见为前题,我也没有什么话好说。如果人类不能维护自己的真理,我也不能维护什么。先生,如果一个人,对于是否应该为真理殉身,犹疑不决,他最好不要那么做。人一定要坚信自己负有神圣的义务才行。"(罗珞珈、莫洛夫译,中国社会科学出版社,2004,第209页)

① 原文为"the general and perpetual voice of men is as the sentence of God Himself",语出英国神学家理查德·胡克(Richard Hooker,1554—1600)之《教会政治法规》(*Of the Laws of Ecclesiastical Polity*)卷一第八章第1节。拉丁文有 *Vox populi*, *vox Dei* 之谚语,意为"voice of the people, voice of God",与中国古人所言"天视自我民视,天听自我民听"语意相近。

事物方面的类似超越。①

不过,还可能基于某个迥然不同的根据,消解人间权威。可能有人会说,至少基督教和平主义者会说,人类因为堕落与败坏,因而,不同时代不同地域的伟大而聪慧的人类导师以及伟大国度之授意(consent),并不能给什么是善提供线索。倘若有此抗辩,我们就必须转向我们的另一要点,即神圣权威(Divine Authority)。

【§26—29. 神圣权威亦反对和平主义】

我将只根据基督教来考量神圣权威。关于其他文明宗教(civilised religions),我相信只有一个——佛教——才是真正的和平主义;而且无论如何,关于它们,我并无足够知识,来从事富有成果的讨论。当我们转向基督教,我发现,和平主义几乎一无例外,基于我们的主亲口所说的一些话。

---

① 对于现代以来深入人心的进步论,路易斯总要问,"进步到哪里"? "永久之道德标尺,是否妨碍进步"? 他的答案是:"除非假定了一种不变的标尺,否则进步就不可能。假如善是个定准,那么至少可能的是,我们应当不断接近它。然而,假如车站像列车一样变动不居,那么,列车如何向它开进。我们关于善的观念是会变迁,然而假如并无绝对而又恒常之善以供回返,那么它们既不会变好也不会变坏。只有在一个完全正确(perfectly right)是'停滞'的条件下,我们才能一点点地接近正确。"(见拙译《人之废》之附录《主观论之毒害》第 14 段)

假如这些话并不足以树立和平主义之立场,那么,让它基于基督教界之公断①,就纯属徒劳。当我在此寻求指导之时,发现权威总体上反对我。作为国教论者,我就翻检最直截的陈述,《三十九条信纲》②。我发现,其中白纸黑字明明写道:"行政官有令之时,基督徒披甲上阵乃合法之举。"非国教派(Dissenters)或许接受不了;那么我请他们参看长老会之历史,长老会绝非和平主义者。天主教徒(Papists)或许接受不了,那么我请他们参看托马斯·阿奎那之裁定:"恰

---

① 原文为 securus judicat of Christendom as a whole。其中拉丁文 securus judicat,语出奥古斯丁的名言:securus judicat orbis terrarum,意为 The whole world judges right(举世自有公断)。

② 《三十九条信纲》(Thirty-Nine Articles),英国国教会的信仰纲要。16世纪中叶英国国教会在宗教改革运动中,为阐明同天主教以及新教其他各派在教义上的分歧,并确定英格兰教会与国家政权间的关系,曾先后制定一些文告。特别是1552年由坎特伯雷大主教克兰麦制订、经国王爱德华六世签署,订出了《四十二条信纲》。1562年,国教会将其修改成39条。1571年,经国会通过和女王伊丽莎白一世批准,定为英格兰国教会信纲,并编入《公祷书》,沿用至今。《信纲》对某些教义分歧持中间立场并持"广涵"原则。例如,认定《圣经》已包含得救所必需一切道理;接受《使徒信经》及《尼西亚信经》,因两者皆为《圣经》所验证;尊重《次经》,但不认为有"正典"价值;不承认炼狱;关于圣餐的解释,既不接受天主教的变体论,也不赞成茨温利的纪念说,对真在论(临在论)和领受论则未置可否。《信纲》还强调国家和国君对教会的权力。英国国教会要求国教会的圣职人员和剑桥、牛津两大学的教授团成员必须承认本《信纲》。本《信纲》受到各国安立甘宗的尊重,但并不受其约束。

如首长们可以依法使用武力,以维护公共的利益,镇压内部的暴乱,惩罚作恶的歹徒……同样的,这也是他们的事,使用战争的武力,以保卫大众的利益,抵抗外来的敌人。"① 或许你需要一个爱国权威,那么我给你圣奥古斯丁:"倘若使徒一心非难战争,那么,那些在福音书中寻找依据的人,首先会得出这一答案:他们应当扔掉武器,拒不参军。可是,福音书告诉他们的其实是:'不要以强暴待人,也不要讹诈人,自己有钱粮就当知足。'约翰吩咐他们知足于兵饷时,不

---

① 《神学大全》第二集第二部第40题第一节,托马斯·阿奎那说,战争合乎正义,必须具备三个条件:1."元首的权力:应由他下令进行战争";2."必须有一个正当的理由;就是说,那些受到攻击的,应该还由于他们犯了某种错误,而应受攻击的";3."交战者必须有正当的意图;所以,他们的目的,是想促进善事,或避免恶事"。

这三个条件,套用中国古语,可称之为:1."礼乐征伐自天子出";2."师出有名";3."惩恶扬善"。路易斯之引文,出自托马斯·阿奎那对第一个条件之申述:

第一个条件,元首的权力:应由他下令进行战争。的确,宣战不是私人的事;因为私人可以向上级的审断投诉,以维护自己的权力。再者,战争必须征召民众,这也不是私人的事。既然谋求大众的福利,是由首长们负责,所以是他们应该注意维护那些属于他们权下的城市、邦国或省区的公共福利。正如他们可以依法使用武力,以维护公共的利益,镇压内部的暴乱,惩罚作恶的歹徒,如同宗徒在《罗马书》第十三章4节里所说的:"他不是无故带剑;他既是天主的仆役,就负责惩罚作恶的人。"同样的,这也是他们的事,使用战争的武力,以保卫大众的利益,抵抗外来的敌人。(圣多玛斯·阿奎那《神学大全》第八册:论爱德,胡安德译,台南:碧岳学社,2008,第249页)

许他们为钱粮而当兵。"①至于查考个体之声音,那将会没完没了。以教会自命的一切身子(bodies)——也即以使徒后继者自命并接受信经(the Creeds)的人——都一直在祝福他们所认为的正义之师。博士们、主教们及教皇们——我想也包括现任教皇(庇护十二世)——一再表示不支持和平主义立场。我也认为,我们在使徒书信(apostolic writings)里,也找不到和平主义的只言片语。使徒书信比福音书(the Gospel)更早,代表了(假如有此代表的话)源初的基督教义,福音书本身是其产物。

基督教的和平主义主张,因而,全部基于主基督的一些教导(certain Dominical utterance),诸如"不要与恶人作对。有人打你的右脸,连左脸也转过来由他打"。② 我现在应对的是,对此教导不加限定地加以引用的基督徒。我无须指出——因为毫无疑问已经有人向你指出了——这样一个基督徒,被迫以同类方式听从我们的主的其他难解的话(hard

---

① "不要以强暴待人,也不要讹诈人,自己有钱粮就当知足。"语出《路加福音》三章14节。兵丁问使徒约翰,他们当做什么,约翰如此回答。路易斯引用的这段话,出自奥古斯丁的《驳摩尼教徒浮斯图斯》第22册第74条。路易斯在此只是述其大意,并非逐字征引。
② 《马太福音》五章39节。

sayings)。要是有人做到了这一点,他倾其所有,在任何场合都对穷人有求必应,①那么,没有人会不敬重他。对于此人,我料定自己会和他争论。可是,对于无常之人:当主的教导免却他的某种义务就字字较真,当主的教导要他去做乞丐则灵活处理,谁会认为值得跟他商榷呢?②

理解连左脸也转过来由他来打之诫命,有三条路径。其一是和平主义者之诠解;它就是字面的意思(means what it says),加给我们一个义务,任何环境下都不得抵抗任何人。其二则是简化诠解(minimising interpretation),它不是字面的意思,只是一种东方式夸张,是说你应当忍受,应宽大为怀。③ 你

---

① 《马太福音》五章42节:"有求你的,就给他;有向你借贷的,不可推辞。"

② 此段讨论《马太福音》五章38—42节:"你们听见有话说:'以眼还眼,以牙还牙。'只是我告诉你们:不要与恶人作对。有人打你的右脸,连左脸也转过来由他打;有人想要告你,要拿你的里衣,连外衣也由他拿去;有人强逼你走一里路,你就同他走二里;有求你的,就给他;有向你借贷的,不可推辞。"《论语·卫灵公第十五》有言:"可与言而不与之言,失人;不可与言而与之言,失言。知者不失人,亦不失言。"

③ 《新约圣经注释》(巴克莱著,中国基督教协会,1998)及《新约圣经背景注释》(季纳著,刘良淑译,中央编译出版社,2013),对《马太福音》五章38—42节这段经文,都是用了路易斯所说的 minimising interpretation 这种诠解。比如后者说:

这里的用语一部分是夸张法——后来门徒并没有让自己到无家可住的地步。不过,夸张法是邀听众去思想,所听见的这番话有什么重要的含义:耶稣在此的确要他们非常注重关系,并且不把财产当一回事。重点是完全无私,以爱作出发点。(第26页)

和我都会拒斥这一看法。因而,冲突就在和平主义之诠解与我现在打算提出的第三种诠解之间。我想,这段经文恰好意指其字面义,但是却有一个心照不宣的保留,以便应对一些明显的例外情况。这些例外,每个听者都会自然而然地认定其是例外,无须专门告诉。或者换用更有逻辑的语言来表述此事,我认为,这里所说的不抵抗之义务针对的是伤害本身(injuries *simpliciter*),无妨于我日后就特定伤害(injuries *secundum quid*)不得不采取行动。① 也就是说,如果相关因素只是邻人对我的伤害以及我图谋报复的欲望,那么,我认为基督教之诫命要我们绝对抵制这一欲望。对

---

① 路易斯在这里区分了 injuries *simpliciter* 和 injuries *secundum quid*。路易斯在《说文解字》(*Studies in Words*,1960)一书之第 7 章,专门讨论 simple 一词。其第 1 节,对比了拉丁文 *simpliciter* 和 *secundum quid*。他解释说,前者的意思是:

"in itself", intrinsically, unconditionally, not in relation to special circumstances; can be called good or ture (or whatever) without qualification.

而后者的意思则是:

"in a way", "in a sense", "for some people", "under certain conditions", "up to a point", "with necessary qualification", "in the circumstances".

简言之,前者意指无条件的,后者则是有条件的。中国古人区分"经"与"权",与此类似。

心底的这一声音,"人若犯我我必犯人",我们要绝不姑息。可是,一引入其他因素,问题当然就变了。有杀人狂追杀另一个人,试图撞开我,不让我碍事;当此之时,谁会认为,主的听众会把祂的话理解成:我必须站在一旁,以便他抓住受害者?无论如何,我一点也不认为,他们会这样理解祂。我想同样绝无可能的是,他们会以为祂的意思是:抚养孩子的最好方式就是,孩子心情不好时就让他们打父母,或者孩子得寸就让其进尺。我想,那些文字的意思再明白不过:"如果你因受伤害而动怒,克制愤怒,勿以牙还牙。"即便或有听众以为,你身为行政长官,受到平民攻击;身为父母,受到儿女攻击;身为教师,受到学生攻击;身为正常人,受到疯子攻击;或身为战士,受到敌人攻击——此时你的义务或许便大不相同。可是,之所以大不相同,或许是因其他动机,而非自我中心的以牙还牙式报复。实际上,由于其听众是非武装国家的平民百姓,他们仿佛不大可能以为,我们的主是在谈战争。战争不是他们当时在想的事情。乡民日常生活中的小摩擦,更有可能是他们心之所系。

这就是我倾向于做此诠解的主要理由。任何说法,都取其说话之时之地会自然蕴涵的意思。我还认为,这样去理解,更贴合施洗约翰论兵丁的话①,也更贴合这一事实:我们的主直言不讳地予以称赞的人不多,其中一位就是罗马百夫长。而且,这样去理解,才容我假定新约是前后一贯。圣保罗赞成行政长官用剑(《罗马书》十三章 4 节),②圣彼得亦然(《彼得前书》二章 14 节)。③ 倘若领会主的话,就像和平主义者所要求的那样不加限定,那么,我们就被迫下结论说,基督之真意,对生活在同时代说着同样语言的那些人、祂本人选为使徒的那些人以及使徒的全部后继者,都隐晦不见,最终却在我们自己的时代真相大白。我知道有

---

① 即前文讨论过的《约翰福音》三章 14 节:"不要以强暴待人,也不要讹诈人,自己有钱粮就当知足。"

② 《罗马书》十三章 1—7 节:"在上有权柄的,人人当顺服他;因为没有权柄不是出于神的,凡掌权的都是神所命的。所以抗拒掌权的,就是抗拒神的命;抗拒的必自取刑罚。作官的原不是叫行善的惧怕,乃是叫作恶的惧怕。你愿意不惧怕掌权的吗?你只要行善,就可得他的称赞,因为他是神的用人,是与你有益的。你若作恶,却当惧怕,因为他不是空空地佩剑。他是神的用人,是伸冤的,刑罚那作恶的。所以你们必须顺服,不但是因为刑罚,也是因为良心。你们纳粮也为这个缘故;因他们是神的差役,常常特管这事。凡人所当得的,就给他;当得粮的,给他纳粮;当得税的,给他上税;当惧怕的,惧怕他;当恭敬的,恭敬他。"

③ 《彼得前书》二章 13—17 节:"你们为主的缘故,要顺服人的一切制度,或是在上的君王,或是君王所派、罚恶赏善的臣宰。因为神的旨意原是要你们行善,可以堵住那糊涂无知人的口。你们虽是自由的,却不可藉着自由遮盖恶毒,总要作神的仆人。务要尊敬众人,亲爱教中的弟兄,敬畏神,尊敬君王。"

那么一些人,并不觉得这等事难以置信;恰如总有一些人信心满满地主张,柏拉图或莎士比亚之真意,不知怎的,对他们的同时代人及下一代人都隐晦不见,却为现时代一两位教授的大胆拥抱,一直保持着童身。然而,对于属神课题(divine matters),我无法用我在世俗研究(profane studies)中就已嗤之以鼻的诠释方法(a method of exegesis)。任何理论,只要建基于从福音书中挖掘出来的所谓"历史上的耶稣"(historical Jesus)并进而以此反对基督教导,都是可疑的。① 曾有太多太多的历史上的耶稣——自由论的耶稣,圣灵论的耶稣,巴特的耶稣,等等。它们是每位出版人书单上的廉价作物,就像新的拿破仑和新的维多利亚女王一样。我不会在这类幻觉中,寻求信德和拯救。

---

① 路易斯在《魔鬼家书》第23章,路易斯藉大鬼 Screwtape 之口说,一个人即便信仰坚定,对世俗和肉欲已不为所动,魔鬼也仍然有办法:不再去从其灵魂中移除灵性,而是"使这灵性腐化变质"。大鬼 Screwtape 教导小鬼说,最好的攻击点就在于"神学和政治之间的接界处",因为那些有社会影响力的基督徒政论家正在发表高论,以为后来的基督教传统背离了创建者的教导。现在的引诱策略就是,用自由主义者和人道主义者所发明的"历史上的耶稣"这一概念,鼓励回到"历史上的耶稣":"再次鼓励他们清除后人的'增补和曲解',找到'历史上的耶稣'这一概念,并将其拿来与整个基督教传统作比较。"(况志琼、李安琴译,华东师范大学出版社,2010,第89页)此外,每30年再变更一次对"历史上的耶稣"的解释,这样,就足以败坏其信仰。

【§30. 和平主义太过便宜】

这样说来,我寻求和平主义,基督教权威并不支持。倘若我仍旧坚持和平主义,那么我就要怀疑自己,是否受到了某种偏激(passion)的潜在影响。但愿诸位在此不会误解我。我并非有意成为诸位在大众报刊上加以嘲讽的可笑之徒。容我开门见山,在座各位没一个比我更胆小。不过也请容我说,世上还没有哪个人德行如此之高,以至于在大喜大悲之间做选择时,我们请他思量一下是否可能偏激,他会感到受了侮辱。因为,我们要尽量少犯错。我们惧怕的种种灾厄,战时现役士兵之生活,将此集于一身。有如疾病,战士生活也有痛苦和死亡之威胁;有如贫穷,它有餐风露宿和饥寒交迫之虞。恰如奴役,它有折磨、屈辱、不公和无理可讲的规矩。有如流放,它分开了你和你的爱人。有如恐吓(gallies),它将你跟一群合不来的同伴一起关在斗室。它有着每种尘世之恶(temperal evil)的威胁——除丢人现眼和永劫不复(final perdition)之外的每一种恶。那些过着这种生活的人,和你一样不喜欢它。反过来说,如此之战士生活尽管不是你的过错,但和平主义几乎令你安全无虞却是事实。是的,公众会对你有些轻蔑。但你不在乎他们的意见,跟他们也没多少来往。这些轻蔑,很快就会从小圈子里不可避免的相互认可得到补偿。① 加之,战士生活给你所熟悉所爱的生活提供了一份保障,活在人间,周围是你所熟悉所爱的人。它给你提供了时间,去为事业奠基;因为,不管你愿不愿意,你都禁不住找到工作,而将来有一天,那些退伍战士对这些工作只有巴望的份。上一次战争末尾,当和平来临,和平主义者怕遭公众舆论惩罚,而你甚至连这个都不用担心。因为我们已经了解到,尽管这个世界迟于宽恕,但却疾于遗忘。

【§31. 结语】

以上就是我不做一个和平主义者的原由。倘若我企图做个和平主义者,我应会发现,其事实依据极为可疑,其推理线索模棱两可,人间权威和神圣权威都反对我,而且颇有根据怀疑,我是意愿(wishes)左右了抉择(decision)。如前所说,道德决断没有数学确定性。毕竟,和平主义或许还是对的。不过在我看来,正确的几率很小,小到我不敢冒天下之大不韪。

---

① 关于这种心理补偿,本书第6章《话圈内》,有精彩描述。

四 高下转换[①]

(1944)

Transposition

【译按】高版本兼容低版本,低版本则兼容不了高版本。人类知识,亦然。路易斯此文想告诉我们,我们之所以总觉得古人"原道宗经徵圣"奇奇怪怪,总想给它一个实证的或科学的解释,也许恰是因为我们一开始,主动选择了低版本。现代思想中,还原论(reductionism)大行其道就是明证。我们总是习惯于宇宙万事还原为物质,将人生万象还原为经济利益,还原为性冲动。路易斯曾说,人要是情愿变

[①] 1944年5月28日,路易斯应牛津大学曼斯菲尔德学院(Mansfield College)院长之邀,在学院小教堂演讲。时值圣灵降临节。

蠢，往往都能如愿以偿。

【§1—3. 从"说方言"之类难题说起】

我所属的教会，把今天特别分列出来，以纪念当初主升天不久圣灵降临的日子。我这里想要探讨一下，伴随圣灵降临的一个现象。这现象我们译作"speaking with tongues"（说方言），饱学之士则称作 *glossolalia*①。切莫以为，这就是我眼中圣灵降临节（Pentecost）②最重要的一面。不过我选这题目，有两个理由。其一，让我谈圣灵之本质或

---

① 卢龙光主编《基督教圣经与神学词典》（宗教文化出版社，2007）释"glossolalia"（说方言）："圣经用语，希腊文音译字（英文亦可作 speaking with tongues）。说方言最初出现在五旬节的门徒身上（徒二1—13），然后成为早期教会的经历（另参徒十 44—46，十九 6）。保罗认为方言是圣灵的恩赐之一（林前十二 10，28），不过他批评误用方言之事（林前十四 6—25），勉励信徒要有秩序地进行敬拜聚会（林前十四 26—33）。学者对方言的性质有不同的意见，它可能是指外国的语言，或指受圣灵感动而发出别人听不懂的声音。某些教会传统相信方言的现象在使徒时代之后已经结束，在今天不应祈求或实践，但亦有认为现代也拥有这恩赐的人，并且加以鼓励实践。"

② 卢龙光主编《基督教圣经与神学词典》（宗教文化出版社，2007）释"Feast of Pentecost"（五旬节）："犹太宗教节期，这个字的原意是'五十'，在旧约又称作'七七节'或'收割节'。以色列人庆祝五旬节是在开始收割大麦（初熟节）后第 50 天，或者是在完成收割小麦时，即以色列人收割季节之末（利廿三 15—22）。后来，五旬节固定在逾越节后第七个安息日的次日或第 50 天（出廿三 16—17）。新约时代，五旬节是圣灵降临之日（徒二1），故此基督教教会的圣灵降临节也在这一天。"

圣灵如何作用,颇嫌荒唐。这就像几乎一切尚需学习之时,还企图去教别人。其二,说方言(*glossolalia*)常常成为我的一个绊脚石。老实说,此现象颇棘手。圣保罗在《哥林多前书》论及此事,就有些左右为难,无怪乎他要教会把注意力集中到更明显的具有教益的恩赐上去。不过他适可而止。他几乎是顺便提及,他自己也和其他人一样"说方言",他并不质疑这一现象的属灵的、超自然的源泉。①

我感到的困难是这样子的:一方面,说方言(*glossolalia*)属于"宗教经验之种种"②,断断续续延续至今。我们不时听说,在某些信仰复兴会(revivalist meeting)上,有那么一个或几个列席者,会突然爆发,仿佛一阵阵胡言乱语。这看上去并无教益(edifying),而且在所有非基督徒眼中,就是一种歇斯底里,是神经兴奋的自发释放。就连好多基督徒,也都用同一方式去解释其绝大部分实例;而且我必须坦然承认,说在所有实例中都是圣灵起作用,实在是难以置信。我们怀

---

① 保罗这些意见之出处,见前页注①。
② 原文是"variety of religious experience"。此语乃美国心理学家和哲学家威廉·詹姆斯(William James,1843—1912)之名著《宗教经验之种种》的英文原书名。该著之中译本由商务印书馆1947年出版,译者唐钺。

疑,尽管我们不能确保,它通常是神经系统的事。这是此二难的一个犄角(one horn of the dilemma)。① 可另一方面,我们作为基督徒,又不能把圣灵降临节的故事束之高阁,也不能矢口否认,认为"说方言"反正就不是神迹奇事。因为当时那些人并非胡言乱语,而是说一些他们自己不懂,在场其他人却懂的语言。② 包括"说方言"在内的整个事件,已经深入到教会诞生故事的骨髓之中。而且主在升天之前最后所说的话,就是告诉教会,等待这一事件。③ 这样看来,同一个

---

① 二难推理之大前提是由两个假言命题构成的合取命题,这两个假言命题,被形象地称为"二难的犄角"。(参帕特里克·赫尔利《简明逻辑学导论》第 10 版,陈波等译,世界图书出版公司,2010,第 267 页)

② 《使徒行传》二章 1—13 节记载,公元 33 年五旬节,约 120 位基督的门徒获得圣灵恩赐,立即可以说方言。经上说:

五旬节到了,门徒都聚集在一处。忽然,从天上有响声下来,好像一阵大风吹过,充满了他们所坐的屋子;又有舌头如火焰显现出来,分开落在他们各人头上。他们就都被圣灵充满,按着圣灵所赐的口才说起别国的话来。那时,有虔诚的犹太人从天下各国来,住在耶路撒冷。这声音一响,众人都来聚集。各人听见门徒用众人的乡谈说话,就甚纳闷,都惊讶希奇说:"看哪,这说话的不都是加利利人吗?我们各人怎么听见他们说我们生来所用的乡谈呢?……"众人都惊讶猜疑,彼此说:"这是什么意思呢?"还有人讥诮说:"他们无非是新酒灌满了。"

③ 《使徒行传》一章 3—5 节:"他受害之后,用许多的凭据将自己活活地显给使徒看,四十天之久向他们显现,讲说神国的事。耶稣和他们聚集的时候,嘱咐他们说:'不要离开耶路撒冷,要等候父所应许的,就是你们听见我说过的,约翰是用水施洗,但不多几日,你们要受圣灵的洗。'"

"说方言"现象,我们却不得不说,有些时候只是自然现象甚至是病理现象,在另一些时候(或至少有那么一次)却是圣灵在起作用(the organ of the Holy Ghost)。这乍看上去,令人吃惊,而且易招攻击。怀疑论者当然会抓住这一机会,给我们大谈奥康剃刀,控告我们增多假设(multiplying hypotheses)。① 要是歇斯底里涵盖了说方言(*glossolalia*)的绝大部分实例,那么(他就会问),这一解释涵盖其余实例,不也极有可能么?

---

① 尼古拉斯·布宁、余纪元编著《西方哲学英汉对照辞典》(人民出版社,2001)释奥康剃刀(Ockham's razor):

理论构造中的一条方法论原则,与中世纪哲学家奥康的威廉(William of Ockham)的名字连在一起,尽管亚里士多德在批评柏拉图的形相论(theory of ideas)时提到过它。这一原则陈述说,人们不应设定比合适的哲学解释所绝对必需的实体更多的实体。相应地,在具有同等解释力的两个或多个理论中,人们应该选择使用了最少的假定和解释原则的那个理论,假如其他情况都相同的话。这一原则的通行表述是"除非必要,勿增实体"或"若无必要,绝不设定多样性"(拉丁语:Entia non sunt multiplicanda prater necessitate)。但这是 17 世纪的发明,而不是奥康本人的表述。他只是说:"用较多的东西去做用较少的东西能够做的事情,是无意义的。"简单性是这一原则的精髓。"奥康剃刀"一词是由威廉·汉密尔顿爵士引入的,他把它等同于所谓的节约原则("自然从不用比所需要的更复杂的工具去工作")。奥康剃刀亦称"简单性原则"或"经济原则",并且在形而上学论战中有广泛应用。

"奥康剃刀忠告我们勿在使用原则或规律或存在陈述方面不必要的奢侈。"——斯马特:《*形而上学与道德文集*》,1987 年,第 38 页。

我要设法排解的,就是这一难题。我倒愿意一开始就指出,有这么一类难题,"说方言"只是其中之一。其中与之最为接近的是,在神秘主义者(mystics)①笔下发现情爱语言和意象而引发的难题。在他们笔下,我们找到一整套表述——因而可能有一整套情感——在另一语境中我们都挺熟悉的,其意思明了又自然而然。可是在神秘主义写作中,却声称这些因素另有来由。关于这种语言,怀疑论者(sceptic)②又会追问,我们心安理得地拿来解释其百分之

---

① 卢龙光主编《基督教圣经与神学词典》(宗教文化出版社,2007)释"mysticism"(神秘主义):"重视神临在的直接经验,与神灵相通的信仰观点或灵修体系。神秘主义相信,神圣真理的知识或与神的联合可以借着灵性洞察或专注默想,摒除感官或理性的媒介而获得的。故此,神秘主义者往往着重祈祷、默念、禁食等。"

② 尼古拉斯·布宁、余纪元编著《西方哲学英汉对照辞典》(人民出版社,2001)释"怀疑主义(Scepticism)":

[源自希腊语 skepsis,意为"探究"或"质问"]也写成 Skepticism。一种批判的哲学态度,通过系统的论证,审问知识主张的可靠性以及我们建构客观真理的能力。当古代希腊哲学家称他们自己是怀疑者时,他们的意思可能是,他们是非独断的探究者。希腊怀疑主义的创始人是爱利斯的皮浪,正因如此,怀疑主义也被称作"皮浪主义"。皮浪主义被认为提出了许多论式,担保我们理解的事物就如它们的实际所是。因此,最好的办法是对判断采取悬置态度,以获得宁静的状态。……在蒙田、伽桑狄、笛卡尔、休谟和逻辑实证主义等人那里,能够发现现代怀疑主义的不同说法。古代怀疑主义既抨击知识又抨击信念,是一种生活哲学,现代怀疑主义只对知识提出挑战。正因如此,古代怀疑主义更为严重。在现代怀疑主义中,还存在着伦理学和科学之间的论题区别,而且,伦理的或道(转下页注)

九十九的实例的那个原由,为什么不能拿来也去涵盖那百分之一? 在他看来,神秘主义是一种情爱现象这一假设,比任何假设都合情合理。

【§4. 拆穿家之根据:高低层面显见的连续性】

换用最抽象的术语(most general terms)来说,我们的问题是,在公认的自然事物与所谓的属灵界事物之间,有着明显的连续性(continuity)。也就是说,在我们自诩的超自然生命之中,重现的全是构成我们的自然生命的旧元素,而且(仿佛)没有别的。假如自然之外而来的启示(a revelation)真的莅临我们,难道不会感到奇怪? ——启示文学(an Apocalypse)描写天堂,只能撷取尘世经验(冠冕、宝座及音乐);论到委身(devotion),除了男欢女爱的语言,再找不到语言;至于基督徒藉以实现与神联合的仪式,最终只是老一套的大吃大喝。你或许会补充说,在稍低层面上,同一

(接上页注)德的怀疑主义(它断言不存在任何客观价值)已成为一个特别受关注的领域。在哲学史上,怀疑主义是一种否定的但却是有推动作用的力量。在试图驳斥和克服怀疑主义的过程中,哲学家磨炼了对哲学问题的公式化表述以及作出了解决它们的努力。

"怀疑主义是以任何方式在现象和判断中提出反对的能力。"——塞克斯都·恩披里柯:《皮浪主义刚要》,1.8。

问题也会突发。不仅在属灵与自然之间,在自然生命的高低层次之间,也有这一问题。无怪乎犬儒(cynics)会对文明世界区分爱情(love)与兽欲(lust),振振有词地发起挑战。他们会说,当一切都说过一切都做过之后,其最终动作,生理上毫无二致。他们同样也会挑战公义(justice)与复仇(revenge)之别,根据则是,罪犯是一个下场。在上述情形中,我们姑且承认,犬儒与怀疑论者有理有据(a good prima facie case)。在公义行为与复仇行为中,的确出现同样举措;恩爱夫妻之敦伦与纯粹兽欲,其生理消耗也是一样;宗教语言与意象,甚至还有宗教情感,所包含的东西无一不借自自然(Nature)。

【§5—7. 高下之分:一个实例】

因而在我看来,拒斥这一批评的唯一途径就是去揭示,在一些实例中间,同样的理据(*prima facie* case)虽看似振振有词,我们却知道(不是靠信仰或逻辑知道,而是靠经验知道),它事实上是假的。我们能否找到一个关于高下之分的实例,其中的高,几乎在任何人的经验范围之内?我想,还是能找到的吧。且看《皮普日记》(*Pepy's Diary*)中的这段话:

携妻子去国王剧院看歌剧《圣女贞德》(*The Virgin Martyr*),结果看得高兴得不得了。……不过其中最让我兴奋的地方就是当天使下凡时所弹奏的那段风乐,而且乐声甜美得叫人神魂颠倒,几乎到使我真的眩晕了,跟我从前和妻子恋爱时的情形一样……于是我决心学风乐弹奏,并且还要求太太也一起学。(一六八八年二月 27 日)①

这里有几点值得注意:(1)伴随强烈审美愉悦(aesthetic delight)的内在感觉(internal sensation),与伴随另外两种经验的那种感觉无法区分。另两种经验,一个是恋爱,另一个,比如说在狂风大浪中坐船。(2)在另两种经验中,其中一个与快感正好相反。谁会乐享眩晕呢?(3)皮普急于重温的经验,其所伴随的感觉与伴随晕船的感觉无异;他之所以决定要学风乐,殆因为此。

与皮普有一模一样经验的人,或许不多,可是我们所有人都经历过这种事。我自己的体会是,在审美沉醉(intense

---

① 因并未找到《皮普日记》,故此段汉译,主要借鉴甚至基本抄录自陈毓华女士之译文,略有改动。

aesthetic rapture)的那一刻,要是有人想回过头来,藉内省去捕捉他的实际感受,到头来什么都捕捉不到,只能捕捉到一种生理感觉(physical sensation)。① 就我而言,我捕捉到的只是一种悸动(kick or flutter in the diaphragm)的感觉。或许这就是皮普用"真的眩晕"(really sick)的全部意思。可是重点在于,我发现这一悸动感,在我身上,恰好跟巨大痛苦袭来时的感觉一模一样。内省(introspection)根本无法发现,我对噩耗的神经反应与对《魔笛》前奏曲的神经反应,有何不同。要是我只凭感觉(sensation)去做评判,我就会得出荒谬结论说,喜乐(joy)和悲痛(anguish)是同一回事,我最为害怕的跟我最渴欲的是一回事。我预计,要是你常常留意这种事,也会有跟我差不多相同的说辞。

现在,我们再往前走一步。这些感觉——皮普的眩晕与我的悸动,并非像无关或中立的附加物一样,伴随着非常不同的经验。我们或许可以相当确定,真的眩晕之时,皮普

---

① 唐司空图《二十四诗品》冲淡篇云:"遇之匪深,即之愈希。脱有形似,握手已违。"路易斯《惊喜之旅》第 7 章:"美好的感受一旦意识到自己的存在,一部分的美好就消逝了。"(见《觉醒的灵魂1:鲁益师谈信仰》,曾珍珍译,台北:校园书房,2013,第 138 页)

恨这一感觉。而我们从他自己的言辞得知,当眩晕感随着风乐而来之时,他却喜欢这一感觉,因为他想方设法尽力确保重温这一感觉。我也一样,在某一情境中,我爱这一悸动(internal flutter),并称之为快感;而在另一情境下,我们却恨它,称之为折磨。它不只是喜乐及痛苦之记号(sign),而且成为它所标记的东西(what it signifies)。当喜乐满溢到神经系统时,这一满溢就是喜乐之圆成(consummation);当悲哀满溢时,这一生理症状就是恐怖之极致。同一滴水,在甜杯中变得最为甘甜,在苦杯中则变得最为苦涩。

【§8—10. 难题因高下转换而发】

我认为,我们正在寻找的东西就在这里。我们视情感生活(emotional life)"高于"感觉生活(the life of our sensation)——当然,不是道德上高尚,而是更丰厚、更多样,更细腻。这是我们几乎人尽皆知的高层面。我相信,要是有人仔细审视他的情感与感觉之关系,就会发现如下事实:(1)神经系统的确对情绪有所反应,而且在某种意义上,反应还巨细无遗;(2)与情感相比,神经系统的应变能力更为有限,感官(sense)的变化更少;(3)为了补偿这一点,感官会用同一感觉去表达不只一种情感——甚至如我们所见,表达相反情感。

易入歧途之处在于,我们往往假定,假如两个系统相互对应,那必然是一一对应——此系统中的 A,必然对应于彼系统中的 a,依此类推。可是,情感与感觉之间的对应,终究并非此类。而且当一系统确实比另一系统丰厚(richer)之时,就永不会有这种对应。要是更丰厚的系统,在更贫瘠的系统内全部得到再现,其唯一途径就是,给予贫瘠系统的每一元素不止一个意涵(meaning)。从丰厚到贫瘠系统的这一高下转换(transposition),可以说,必然是代数式的(algebraical),而非算术式的(arithmetical)。① 要是你从事翻译,从词汇量大的语言译为词汇量小的语言,那就必须容许,你所用许多词汇,不止一个意思。要是你的写作语言,有二十二个元音,字母表上却只有五个元音字母,那就要赋

---

① 算术与代数的最大区别在于用字母表示数。算术是"计算方法",代数则是"以符号代数字",是数学的符号化。用字母表示数,是数学史上的一件大事,也是由算术到代数的桥梁。这一转变的最大优点就在于,使数学有了更为简洁的语言,一个代数式可以表示无数个算术式。比如下列算术式:

$$1^2+1=1\times 2$$
$$2^2+2=2\times 3$$
$$3^2+3=3\times 4$$
$$4^2+4=4\times 5$$

都完全可以用一个代数式表示:$n^2+n=n\times(n+1)$。

予元音字母不止一个音值(value)。① 要是你正在把原本为交响乐所谱成的曲子,改写为钢琴曲,那么,同样的钢琴乐谱,在此乐章中代表长笛,在另一乐章中则代表提琴。

恰如这些例子所示,由丰厚媒介(a richer medium)到贫瘠媒介(a poorer medium)的这一转换或改变,我们都相当熟悉。最为熟知的例子,当数绘画艺术。这里的问题是,在一张纸上再现三维世界。其解决方法就是透视法。透视法意味着,我们必须给一个二维形体,不止一个意思(value)。于是,在画一个正方体时,我们用锐角来再现现实世界中的直角。而在别处,纸上的锐角则或许再现的是现实世界中的锐角,比如说矛尖或房顶。当你要向观者暗示一条大路向后消失时,你所用的形状,必然与你画高帽时所用形状相同。线条如此,明暗亦然。画上最亮的部分,说到底,就是白纸。空白有时候代表阳光,或夕照下的湖泊,或白雪,或人的肤色。

【§11—13. 两点说明:高版本兼容低版本;高低之间乃"参赞"关系】

兹就我们眼前的这些高下转换(transposition),做两点

---

① 路易斯这里可能是说英语。其元音字母只有五个,而元音照现在的说法,则是 20 个,12 个双元音,8 个单元音。

说明：

1. 显然，在每一种情况下，只有当我们具备关于高端媒介（the higher medium）的知识之时，才会理解低端媒介（the lower medium）中所发生的事情。在上述实例中，最为缺乏这一知识的领域，是音乐。对于知道此钢琴曲是交响乐之翻版的音乐家，钢琴曲意味着一个东西；而对于只听过此钢琴曲的人来说，则意味着另一个东西。可这第二个人，假如除了钢琴从未听过任何乐器，甚至还怀疑其他乐器之存在，那么他欣赏音乐就更吃亏了。再说了，我们之所以看得懂图画，只是因为我们认识并住在三维世界里。假想有一种只能感受到二度空间的造物，当它爬过纸上的线条时，差不多也能意识到线条的存在，那么，我们也就很容易看到，理解绘画对它而言何其困难。当我们向它保证，有个三维世界，一开始它或许会接受，视为权威意见。可是当我们给它指着纸上的线条，并试图给它解释说"这是路"，难道它不会回答说，我们要它当作我们这个神秘的彼岸世界之启示加以接受的那个形状，正好就是我们在其他地方明明只表示三角形的东西。我想，它会马上说："你一直给我说另有一个世界，而且有你称之为立体的难于名状的形状。可是，你提供给我的那些作为立体之形象或反映的所有形状，仔细一想，只是我自己的世界里我本就知道的那些老的二维形状。难道不应如此怀疑？你所夸耀的另一世界，根本就不是什么原型（archetype），而只是一个梦，其所有元素都借自这一世界。这难道还不显而易见？"①

2. 一定要注意，"象征"（symbolism）一词，并非在所有情况下，都足以涵盖高低媒介之关系以及由高到低之转换（transposition）。它完全涵盖了某些情况，另一些则涵盖不了。说话与写作之关系，就是象征（symbolism）之一例。写出来的文字只为眼存在，说出来的语词只为耳存在。两者之

---

① 这是路易斯经常用的一个比方。他在《返璞归真》卷四第 2 章写道："一维的世界是一条直线；在二维的世界，你仍然可以有直线，但多条直线可以构成一个图形；在三维世界，你仍然有图形，但多个图形可以构成一个立体。换句话说，当你深入到更真实、更复杂的层面时，你没有丢弃在简单的层面发现的东西，仍然保留着它们，只是以新的方式将它们结合起来，这些方式是你停留在简单的层面时无法想象的。"路易斯用这一比方，解释人为何感到三位一体论难于理解："基督教对上帝的解释蕴含了同样的道理。人的层面是一个简单的层面，相当空洞。在人的层面上，一个人就是一个存在，两个人就是两个单独的存在，正如在二维空间中（如，在一张纸上），一个正方形是一个图形，两个正方形是两个单独的图形一样。在上帝的层面上，你仍然可以找到人格，但是在那里你发现，这些人格以新的方式结合在一起，我们因为不生活在那个层面，所以对此无法想象。可以说，在上帝的维度上，你发现这样一个存在，它具有三个位格，但仍是一个存在，正如一个立方体有六个正方形，但仍是一个立方体一样。当然，我们无法全面地想象那种存在，正如我们若生来只能理解二维空间，就永远无法正确地想象立方体一样。"（汪咏梅译，华东师范大学出版社，第 160—161 页）

间,完全不相属(discontinuity)。它们既不相像,又无因果关系。其中一个只是另一个之记号(a sign),是约定俗成的。图画跟视觉世界之关系,却不是这样。图画本身是视觉世界的一部分,而且只因是其一部分,才能再现视觉世界。它们之可见(visibility),具有同一根源。画上的阳光和灯光看上去之所以亮,只是因为真实的阳光或灯光照在它们上面;也就是说,它们之所以仿佛发许多光,是因为它们反射其原型时,确实发些许光。因此,画上的阳光与真实阳光的关系,并非只是写下的字与说出的话的那种关系。它是个记号(sign),但却不仅仅是个记号。而且它之所以是个记号,恰是因为它又不仅仅是个记号,因为记号之所记,确实以某种方式在场。假如我必须给这一关系取个名字,我不会称之为象征(symbolical),而会称之为领受(sacramental)①。至于

---

① sacramental 一词,殊难翻译。尤其是怎么与 symbolism 区分开来,更令译者踌躇。sacrament 之本义乃"圣礼",而 symbol 之本义乃"象征"。按路易斯之意,言语与文字完全不相仿,其关系可以 symbolism 称之;至于视觉世界跟图画,则不只相仿,且有高下之别,理解了高才能理解低,其关系则以 sacramental 称之。

拙译 symbolism,依汉语惯例,译为"象征"。至于 sacramental,则意译为"参赞",取典《礼记·中庸》"可以赞天地之化育,则可以与天地参矣"之语,与佛家所谓"参禅"、"参悟"亦气脉相通,与现代汉语外交官漠不相干。

我们一开始就谈的情感与感觉之关系,我们也可以说,那不止是象征(symbolism)。因为如我们所见,同一感觉并不只是伴随着,并不只是标记着(signify)截然相反的情感,而且成为其组成部分。可以说,情感变得有形有体,降身为感觉,消化(digest)、转化(transform)并融合了(transubstantiate)感觉,因而,神经系统的同一震颤,或是喜悦,或是痛苦。

【§14. 心身问题与高下转换】

我们并不打算坚持说,关于贫瘠媒介对应于丰厚媒介,我所谓的高下转换就是唯一模式,只不过我实难想出另一模式。因而至少可以说,无论何时,高层次复制自身(reproduces itself)于低层次,高下转换就大概会出现。顺便打一会岔,心灵与身体之真实关系,在我看来极有可能就是高下转换之一例。我们可以确定,此生此世,思想无论如何与大脑密切相关。可是,那种因此就以为思想只是大脑细胞之运动的理论,在我看来简直就是胡说八道。若果真如此,这理论本身也就仅仅是一种运动,只是原子间的事。原子运动也许有速度有方向,可是,用"真"或"假"这样的字眼去形容,毫无意义。我们于是被迫面对某种对应关系。不过,要是我们设定了某种一一对应关系,这就意味着,我们把事件的难以置信的复杂多样,归结于大脑。我要说的是,一一对应关系大概很没必要。我们的全部例证都在提示,大脑仿佛能够对无限多样的意识做出反应——在某种意义上,对应是巨细无遗——却不用为每一意识更动,单独提供一份生理更动。

【§15—16. 勿由下窥上,须由上视下】

这只是打个岔。我们现在回到起初的问题:关于灵界与自然(Spirit and Nature),关于神与人(God and Man)的问题。我们的问题是,在那号称属灵的生命里头,出现了我们自然生命的种种成分;更糟的是,乍看之下,好像除了自然生命的成分之外,再没其他成分存在。现在我们明白了,假如属灵生命比自然生命丰厚(相信属灵生命之存在的人,无人会否认),那么这恰恰就在意料之中。至于怀疑论者得出结论,说所谓属灵生命实则衍生于自然生命,只不过是自然生命的一个幻影(mirage)、投射(projection)或想象延伸(imaginary extension),也正在我们预料之中。因为,如前所见,这种错误,是每一例高下转换中那些只知道低端媒介(lower medium)的人,注定要犯的。暴徒(brutal man)在爱情中,分析不出什么东西,除了兽欲;平面国之居民,在一幅画上,只会找到平面图形;生理学家在思维中,找不到任何东西,只有灰色物质之痉挛。① 对于那些从下端(from below)接近高下转换的批评家,勒令他就范没啥好处。因为根据他力所能及的证据,其结论就是唯一之可能。②

---

① 米兰·昆德拉在《小说的艺术》中说,在现代思想中,"简化"就像蛀虫一般,吞噬着人类的精神生活:"伴随着地球历史的一体化过程的是一种令人晕眩的简化过程。应当承认,简化的蛀虫一直以来就在啃噬着人类的生活;即使最伟大的爱情最后也会被简化为一个由淡淡的回忆组成的骨架。但现代社会的特点可怕地强化了这一不幸的过程:人的生活被简化为他的社会职责;一个民族的历史被简化为几个事件,而这几个事件又被简化为具有明显倾向性的阐释;社会生活被简化为政治斗争,而政治斗争被简化为地球上仅有的两个超级大国之间的对立。人类处于一个真正的简化的漩涡之中,其中,胡塞尔所说的'生活世界'彻底地黯淡了,存在最终落入遗忘之中。"(董强译,上海译文出版社,2011,第22页)

② 帕斯卡尔《思想录》第793则:

从肉体到精神的无穷距离,可以象征从精神到仁爱的更加无穷遥远的无穷距离;因为仁爱是超自然的。

……

精神的人的伟大是国王、富人、首长以及一切肉体方面的伟大人物所看不见的。

智慧的伟大——它若不来自上帝,便会是虚无——是肉欲的人和精神的人所看不见的。这里是三种品类不同的秩序。

伟大的天才们有他们的领域、他们的显赫、他们的伟大、他们的胜利、他们的光辉,而绝不需要与他们毫无关系的任何肉体上的伟大。他们不是用眼睛而是要用精神才能被人看到的;这就够了。

圣者们也有他们的领域、他们的显赫、他们的胜利、他们的辉煌,而绝不需要与他们没有任何关系的任何肉体上的或精神上的伟大。(转下页注)

当你从上端(from above)接近高下转换,一切就都不一样了。就情感与感觉、三维世界与绘画而论,由上视下,其结果有目共睹。至于说方言的问题,属灵之人(the spiritual man)也会由上视下。那些说方言者,如圣保罗,能深深理解这一通灵现象与歇斯底里之不同——尽管要谨记,它们在某种意义上恰好是相同现象,恰如在恋爱、赏乐、晕船之时,皮普会有同样感觉。觉察属灵之事,需属灵眼光。属灵之人评判万事,无人能够评判他。

【§17—18. 下学而上达】

不过,谁敢以属灵之人自许?的的确确,我们没人敢说。只是我们约略意识到,从上端(from above)或"里头"

(接上页注)因为这些对他们既无所增加,也无所减少。他们是要从上帝与天使而不是从肉体或好奇的精神才能被人看到的;上帝对他们就够了。

……

然而有的人就只会赞慕肉体的伟大、仿佛是并不存在什么精神的东西;又有的人就只会赞慕精神的伟大,仿佛是并不存在什么智慧上更高得无限的东西。

……

所有的物体合在一起,我们都不能从其中造就出一丝一毫的思想来;这是不可能的,而且是属于另一种秩序的。从所有的物体和精神之中,我们都不能引出一桩真正仁爱的行动来;这是不可能的,而且是属于另一种超自然的秩序的。(何兆武译,商务印书馆,1985,第394—396页)

(from inside)至少能趋近,那些在此世承载着基督生命的高下转换(Transposition)。虽感到一丝不配,感到有些羞惭,我们也必须断定,关于被转换(transposed)的高端系统,我们约略知道一点。从一方面来看,我们这样声称,并不令人瞠目。我们只是断言,我们知道,自己之委身(apparent devotion),无论可能还会是什么,但绝不只是色欲;我们之向往天堂,无论可能还会是什么,但绝不只是渴欲长寿、财宝或飞黄腾达。保罗会描述为属灵生命的东西,我们或许真的一点都没获得。可是,我们至少模模糊糊认识到,我们在努力使自然的举动、形象或语言具有新的意义(with a new value);我们渴欲悔改,至少不是出于精打细算;渴欲爱,至少并非出于自我中心。最起码,我们对属灵之事的知识,足以令我们自知尚不够属灵;恰如图画要是了解三维世界,就足以清楚自己只是平面。

我们(当然)必须强调自身知识之模糊,这不只是出于谦卑(humility)。我怀疑,除非藉助神迹,否则属灵体验不会屈从内省(introspection)。假如连我们的情感都不会屈从(因为想要找出我们感受到什么的企图,除了找到生理感觉之外一无所获),就不用说圣灵之作用了。企图藉内省分析(Introspective analysis)去发现我们自身的属灵境况(spiritual conditions),依我看,这事挺可怕。这一企图在最好情况下,揭示的也不是神的灵和我们的灵中的奥秘,而只是它们在理智、情感及想象中的高下转换(transposition);而在最差情况下,则可能就是走向猜测或绝望的最捷路径。

【§19—22. 高下转换说与望德】

我相信,对我们绝大多数人来说,这一高下转换论(doctrine of Transposition),提供了神学上的望德(the theological virtue of Hope)所亟需的一个背景。我们只能盼望我们所能渴欲(desire)的。问题就在于,关于天堂,我们所能够形成的任何成熟的以及哲学上值得一提的理解,都被迫将我们的天性(nature)所渴欲的绝大多数事物排除在外。无疑,是有一种天真无邪的信仰,孩子的信仰或土著的信仰。那真是福气,因为其中没有难题。它不用提蹩脚问题,就接受了颂歌作者所描绘的画面,竖琴、金子铺成的街道,家庭团圆。这样一种信仰是蒙蔽,可究其根本,却又不是蒙蔽。因为,它虽然错在误认象征(symbol)为事实(fact),但却领悟到天堂乃喜乐、丰足与爱。然而,对于我们绝大多数人,这已不再可能。我们切莫人为地使自己更天真。靠模仿小孩,一个人不会"变成小孩"。因而我们对天堂的理解,牵涉到不断的否定:其中没有食物、没有饮品、没有性、没有动作、没有欢笑、没有事件、没有时间、没有艺术。

与这些否定相对,我们诚然会提出一个肯定:眺见并乐享神(the vision and enjoyment of God)。由于这是一种无限的善(an infinite good),我们(理所应当)认为,它压过全部那些否定。也就是说,至福直观之真实(the reality of the Beatific Vision)①会或将会压过若干否定之真实(the reality of the negations),而且会无限压过。可是眼下,我们的肯定理解能否压过否定理解?这是另外一个完全不同的问题。对于绝大多数时间里的绝大多数人,其答案是否定的。

---

① 尼古拉斯·布宁、余纪元 编著《西方哲学英汉对照辞典》(王柯平等译,人民出版社,2001)释"至福直观"(Beatific vision):

T.阿奎那提出的术语,指对上帝的直观。这种直观不用感官,不用概念,也不用任何心灵结构或过程,而是一种与上帝亲密的、直接的结合。它是一种超自然之光,通过它,人们面对面地看上帝。所有的理论和思考都被排除,尽管还留有判断的确实性。在这种直观中,上帝的本质得到显明。这是人的至福之所在,是与上帝结合的完成。这直观本性上只属于上帝。但当祂拥抱人类时,就将其赐与他们。哲学家们考察了至福直观的认识论蕴意。

"一个人若要达到完全的、至福的直观,第一个必要条件是相信上帝,一如学子相信正在教他的老师。"——阿奎那,《神学大全》,2a2—2.4。

对于伟大圣徒或神秘主义者,其答案会是哪个,我不得而知。至于其他人,理解至福直观,只是从尘世经验中少得可怜的含混瞬间所作的推断,这推断本是勉为其难、根本靠不住、还变来变去。而我们的否定想法,即至福并非自然诸善(natural goods),却具体可触且始终如一,终身铭记,深入到神经系统、肌肉组织,并进而深入想象之中了。

这样说来,在与肯定理解的每一轮竞争中,这些否定理解都占有一种不公平的优势。更糟的是,它们的在场——我们下最大决心压制或无视它们,则是最糟之时——使得我们或还曾有的那点模模糊糊飘忽不定的肯定理解,也毁掉了。对低端诸善(the lower goods)之排斥,仿佛成了高端之善(the higher good)的本质特征。我们感到,眺见神(the vision of God)不是来成全(fulfill)而是来毁掉我们的自然天性,即便我们并不这样说;我们用"神圣的"、"纯洁的"或"属灵的"这类字眼,其背后往往就是这一阴郁想象。

假如我们能够阻止,就切莫走到如斯地步。我们必须相信——因而在某种程度上想象——每一否定仅仅只是成全之背面(the reverse side of fulfilling)。我们的意思必须是,要成全的恰是我们的人性,而不是我们变为天使,更不是我们升格为神（absorption into Deity）。因为，尽管我们将会"像天使"，甚至"像"我们的主，①但我认为其意思是，"切合于人的相像"，恰如不同乐器，演奏同一乐章，却各显胜场。重生之人的生命，在多大程度上远离感性，我们不得而知。可是，我揣测，它将不同于我们这里所知的感性生命；不似空杯之异于装水或装水之异于装酒，而像花朵之异于蓓蕾或大教堂之异于建筑草图。正是在此，高下转换帮助了我。

【§23—25. 又一个洞穴隐喻】

容我编个寓言故事，如何？试想，有女人怀有身孕，却被打入地牢。她在那里生了儿子，苦心抓养。孩子渐渐长大，他只能看到地牢四壁，地面稻草，以及槛窗外的一线天。槛窗太高，除了天空，什么也看不见。这个不幸女人是个艺术家。送入大牢时，她想方设法，带了个绘画本和一盒彩色铅笔。她从未放弃无罪开释的希望，所以她坚持教儿子外面世界的事。要知道，儿子可从未见过外面世界啊。教他，主要靠画画。她靠铅笔，试图让儿子看看田野、河流、山峦、

---

① 《约翰一书》三章 2 节："亲爱的弟兄啊，我们现在是神的儿女，将来如何，还未显明；但我们知道，主若显现，我们必要像他，因为必得见他的真体。"

城市以及海浪是什么样子。他是个乖孩子。她告诉他,外面世界远远比地牢中的任何东西都有趣都精彩,他都竭尽全力信她。有时候,他成功了。总体而言,进展还算顺利,直至有一天,他说了个事,令她吃了一惊。有那么一两分钟,他们都是各说各的。最终她明白过来,这么多年,他一直在误解下生活。"可是,"她倒吸一口气,"你该不会以为,真实世界就充满了铅笔线条吧?""什么?"孩子说,"那里没铅笔印记?"他对外面世界的全部理解,瞬间成为一片空白。因为这些线条,他想象外面世界的唯一凭藉,外面世界却没有。对那竟然排除线条无需线条的世界,线条只是一种"转换"(transposition)的那个世界,他心中没谱——那葱葱树影、粼粼波光,五光十色的三维世界,并非圈在线条之内,其形状变幻莫测随时迁移,尚未有绘画能捕捉其精细与多姿。这孩子将会产生一个念头,真实世界不知怎的没有妈妈的画那样清晰(visible)。而事实上,外部世界之所以没有线条,恰是因为它无比清晰。①

---

① 柏拉图《理想国》卷七之开头,提出了著名的"洞穴之喻"(Allegory of the Cave),描述他对人类知识的基本想象。路易斯应是仿此。

我们也是如此。"我们不知道自己将会如何",但是我们或许能保准,我们将来会胜于而不是差于活在尘世。我们的自然经验(感官的、情感的及想象的)只像绘画,只像纸上的铅笔线条。要是升天之后,这些自然经验会消失,那也就像在真正风景中铅笔线条消失了一样。不像烛光被扑灭,倒像是因有人拉起遮光帘,打开百叶窗,白日朗照之下烛光变得不可见了一样。

以下两种说法,你随便挑。你可以说,藉助高下转换(Transposition),我们的人性(humanity),感官及其他一切,都能成为至福(beatitude)之载体。或者你可以说,藉助高下转换,天堂之丰饶得以体现在我们此生的凡俗经验之中。不过,第二种说法略胜一筹。现世生活(present life)只是缩略、只是象征(the symbol)、是残余,是"素食"替代品。要说血肉之体不能承受天国(inherit the Kingdom),[1]那不是因为它们太过顽固、太大、太分明(distinct)、太"光彩"[2],而是因为它们太脆弱,太易逝,太虚幻。

---

[1] 《哥林多前书》十五章50节:"弟兄们,我告诉你们说,血肉之体不能承受神的国,必朽坏的不能承受不朽坏的。"

[2] 原文为"illustrious with being"。语出Charles Williams, *All Hallow's Eve*(1914)第7章。

【§26—30. 四点补充】

说到这,套用律师的话说,我的案子就结了。不过我还有四点补充:

1. 希望各位已经清楚看出,我所说的高下转换这一概念,与常用于同一目的的另一个概念——我是指"演化"(development)这个概念,泾渭分明。演化论者(Developmentalist)解释说,关于所谓属灵之事与定为自然之事二者之间的连续性,是一个逐渐发展演变成另一个。我相信,这一观点解释了有些事实;不过我认为,它累过头了。不管怎么说,这不是我打算推到前台的理论。我不是在说,吃饼饮杯这一自然动作,百万年后不知怎的就升华为基督教的圣礼。我是在说,有位属灵的实存(Spiritual Reality),在会吃会喝的造物之前就存在,祂赋予吃喝这一自然动作新意涵。其实不只是赋予新意涵,还在特定场合,使得它变成另一种东西。一言以蔽之,我认为是实际风景进入绘画,而不是绘画有朝一日会长出真的花草树木。

2. 我已经发现,思考我所说的高下转换时,我会禁不住自问,这是否有助于我们思索道成肉身(Incarnation)。当然,假如高下转换只是一种象征(symbolism),那么,就非但于此事无补,反而会令我们误入歧途,又重回一种新的幻影说①(或许只有老的那一种?),离弃了正是信望爱之核心的那个确凿史实②。不过,话说回来,我已经指出,高下转换通常并非象征。低端实存(the lower reality)可程度不等地被实际纳入高端实存,并成为其一部分。伴随着喜乐的感觉(sensation),本身会成为喜乐(joy);我们除了说"具体喜乐"(incarnates joy),几无选择。假如此言不虚,尽管尚存极大疑虑也只是管窥蠡测,我还是斗胆建议,高下转换这一概念,或许在神学方面会对道成肉身有所贡献,或者说至少在哲学方面。因为有一条信经告诉

---

① 卢龙光主编《基督教圣经与神学词典》(宗教文化出版社,2007)释"Docetism"(幻影说):"基督论的异端理论,以物质是邪恶的,认为基督的身体不是真实的,而只是幻影。故此,基督并没有真正受苦、死亡和复活。这理论成为公元2世纪诺斯底主义与4世纪摩尼教的基督论解释,其论点早于约翰书信中已受到警告(约壹四2,约贰7)。"

② 指基督道成肉身降卑为人被钉十字架后又复活这件事。路易斯在《神话成真》(Myth Became Fact)一文里明确说,道成肉身,既是神话,也是史实:"基督信仰之核心,是个同时也是事实的神话。受难的神(Dying God)的古老神话,虽仍不失为神话,却从传说与想象之天堂下凡到历史之地面。此事发生在特定日期、特定地点,其历史后果有稽可考。"文见Walter Hooper主编的路易斯文集 *God in the Dock*: *Essays on Theology and Ethics* (Grand Rapids: Eerdmans, 1970)第一编第5章,拙译该书将由华东师范大学出版社出版。亦可参本书下章《神学是诗?》第15段。

我们,道成肉身并不是"非由于变神为血肉,乃由于使其人性进入于神"。① 如此说来,这就与我所说的高下转换就还真有一比:人性依然还是人性,却同时不止算作神性(Deity),而且简直就是被带进神性之中,正如感官知觉(本身并非快乐)被带进它所伴随的喜乐。不过,我这么说是在行"重大和测不透之事"②,一切都有待真正神学家裁断。

3. 我不厌其烦地在强调,要是有人只从低端媒介(the lower medium)探究无论哪种高下转换,犯错都无可避免。这类批评家的力量就在"不过而已"(merely)或"无非罢了"(nothing but)这些字眼上。③ 他看到一切事实(facts),却看

---

① 原文为 not by conversion of the Godhead into flesh, but by taking of the Manhood into God。语出《亚他那修信经》(*The Athanasian Creed*)第 35 条。

② 原文为"walk *in mirabilibus supra me*"。语出《诗篇》一三一章 1 节:"耶和华啊,我的心不狂傲,/我的眼不高大,/重大和测不透的事,我也不敢行。"

③ 路易斯在《四种爱》引言第 6 段说:"'不过而已'常常是个危险字眼。"(*Mere* is always a dangerous word)路易斯之所以这样说,是因为"不过而已"一词,恰是拆穿家(debunker)最常用的词汇。所谓拆穿家,常常操持这一论调:所谓爱情说穿了无非是荷尔蒙,是性欲之包装;所谓战争说穿了无非是屠杀,是利益争夺;所谓宗教或道统说穿了无非是意识形态,是剥削关系温情脉脉之面纱。

不到意义(meaning)。难怪他以看到全部事实自许。确实，除了意义之外，事实就是全部了。这样看来，就此事而论，他处于禽兽之位置。你会留意到，绝大多数狗都不懂"指"(pointing)。你给狗指地板上的食物，它不看地板，却来闻你的手指。手指于它就是个手指，完了。① 它的世界全是事实，没有意义。在唯事实是问的实在论(factual realism)大行其道的时代里，我们会发现，人们刻意在自己身上培育这种畜生心灵。内心经历过爱情的人，也会刻意走出爱情，从事外部分析，并认为分析结果比他的内在体验更真实。这一自我蒙蔽，在这号人身上登峰造极：他们和我们其余人一样有着意识，可他们从事人类机体研究时，仿佛不知道人有意识似的。只要人类继续刻意拒绝由高向下了解事物(to understand things from above)——即便在此种理解完全可行之处——说最终战胜唯物主义，就是扯谈。对每一经验从低端(from below)发起批评，存心无视意义而只关注事实，会一直振振有词。总会有证据，而且每个月都会有

---

① 佛家有见月忘指之说，与此相近。《楞严经》卷二："如人以手指月示人，彼人因指，当应看月，若復观指，以为月体，此人岂唯亡失月轮，亦亡其指。"

新证据,证明宗教只是心理现象,①公义只是自我保护,政治学只是经济学,爱情只是兽欲,思想本身只不过是大脑生物化学。②

4. 最后我要说的是,我们就高下转换所说的话,给肉体复活教义提供了新启发。在某种意义上,高下转换(Transposition)无所不能。属灵与自然之间,审美之乐与

---

① 黑格尔《历史哲学》:"心理学的看法最适合嫉妒心的目的,它设法把一切行动归之于心,使一切行动都具有主观的形态,好像那般行事者的一举一动都是出于某种渺小的或者伟大的热情。某种病态的欲望——就因为他们有这种热情和欲望,所以他们不是不道德的人。……这些心理学家特别欢喜研究那些伟大的历史人物私人所有的特性。人类不能不饮食,他总有友朋亲故等的关系:他有时也会愤激、发怒。'仆从眼中无英雄'是一句有名的谚语;我曾加上一句——歌德在十年后又重复地说过——'但是那不是因为英雄不是英雄,而是因为仆从只是仆从'。仆从给英雄脱去长靴,伺候英雄就寝,知道英雄爱喝香槟酒等等。历史的人物在历史的文学中,由这般懂得心理学的仆从伺候着,就显得平淡无奇了;他们被这些仆从拉下来,拉到和这些精通人情的仆从们的同一道德水准上——甚或还在那水准之下几度。"(王造时译,上海书店,2001,第31—32页)

② 黑格尔《小逻辑》之"柏林大学开讲辞":

放弃对真理的知识,自古就被当作最可轻视的、最无价值的事情,却被我们的时代推崇为精神上最高的胜利。

这个时代之走到对于理性的绝望,最初尚带有一些痛苦和伤感的心情。但不久宗教上和伦理上的轻浮任性,继之而来的知识上的庸俗浅薄——这就是所谓启蒙——便坦然自得地自认其无能,并自矜其根本忘记了较高兴趣。最后所谓批判哲学曾经把这种对永恒和神圣对象的无知当成了良知,因为它确信曾证明了我们对永恒、神圣、真理什么也不知道。(贺麟译,商务印书馆,1980,第34页)

悸动之间,实存与图画之间,不管差别多么巨大,高下转换都自有办法沟通二者。我前面说,画画时,你用纸上空白表示太阳、白云、雪、水及人的肤色。在某种意义上,这简直是黔驴技穷;可在另一种意义上,又多么地淋漓尽致。如果明暗处理好了,那块空白,就莫名其妙地像极了白日朗照。我们盯着画上的雪,甚至会感到冷;画上的火,几乎让我们伸手取暖。同样道理,我们切莫以为,属灵经验既是如此高超、如此地超自然,神的形体(vision of Deity Himself)如此遥不可及,如此超乎一切想象和情感,以至于在感性层面就没有了合宜的对应。其实我们并非藉助新的感官,而就是在现有感官知觉之洪流中,见识了我们连猜想的份都没有的一种意义(a meaning),一种重估(a transvaluation)。①

---

① 《尼各马可伦理学》卷十第七章:"不要理会有人说,人就要想人的事,有死的存在就要想有死的存在的事。应当努力追求不朽的东西,过一种与我们身上最好的部分相适应的生活。"(1177b:30—33,廖申白译,商务印书馆,2003)

五 神学是诗？[①]

(1944)

Is Theology Poetry

【译按】将宗教视为诗性思维或诗性智慧，也许是现代

[①] 1944年11月6日，路易斯在牛津大学苏格拉底学会（Socratic Club）宣读此文。苏格拉底学会，1941年由斯特拉·阿尔德温克（Stella Aldwinckle）女士创建，担任学会主席。路易斯在前往剑桥大学执教之前，一直任会长。苏格拉底学会是个辩论社团，"在学期中间每周聚会一次，某次聚会上由基督徒宣读一篇文章，由异教徒来做出回应，下周颠倒角色，由基督徒来做出回应。当然，还设有一般提问和辩论时间。"（艾伦·雅各布斯《纳尼亚人：C. S. 路易斯的生活与想象》，郑须弥译，华东师范大学出版社，第253页）关于创建苏格拉底学会之宗旨和意义，可参看路易斯的《牛津苏格拉底学会之成立》（The Founding of the Oxford Socratic Club）一文，文见 Walter Hooper 主编的路易斯文集 God in the Dock: Essays on Theology and Ethics（Grand Rapids: Eerdmans, 1970），拙译该书将由华东师范大学出版社出版。

以来，较为开明的一种态度。视之为诗，其实就是说它不真，只有科学的世界图景，才真。因而所谓"信"，只是人的一种诗情而已。路易斯以其人之道还治其人之身，说与基督教的世界图景相比，科学世界观才更像一出诗剧。

【§1—3. 对基督教神学的流行怀疑】

今晚要我讨论的这个问题——"神学是诗？"——不是我选的。我发现，我事实上处在考生席位。因而我必须遵从导师的忠告，①首先确保知道这一问题究竟何意。

我想，神学一词是指，宗教信徒所作出的关于神以及人神关系的系列论述。依本学会给我送来的一篇文章，或许可以假定，神学主要是指基督教神学。之所以斗胆作此假定，是因为关于其他宗教，有些话不得不说。必须谨记，这个世界上只有少数宗教才有神学。希腊人信宙斯，可是他们并无一致相信的系列论述。

---

① 路易斯之辩才或理性训练，得益于中学老师柯克，即威廉·T. 柯克帕特里克先生。路易斯尊他为"导师"、"老导师"、"亲爱的老导师"或"伟大导师"。这里所说的导师，应是指他。关于柯克教授对路易斯之影响，详参艾伦·雅各布斯《纳尼亚人：C. S. 路易斯的生活与想象》中译本第三章。

至于"诗歌"一词,就更难界定了。不过我相信,离开定义,我也可以推测主考官想问我的问题。有些东西,我确保他们不问。他们并非问我,神学是否以韵文写成;他们也不是问我,绝大多数神学家是否就是某种"精约、有美感和笔端含情"①风格之大师。我相信,他们想问,"神学是否不过是诗?"②这一问题可以扩展为:"神学充其量,是否只能给我们提供某些批评家所谓的诗性真实?"这样问,回答起来的首要困难就在于,关于何为"诗性真实"(poetical truth),③或者说关于是否有诗性真实这么个东西,我们并未达成一致。因而在本文里,关于诗,我们最好作很是模糊而又朴实之理解,索性理解为那种激发想象且部分满足想象

---

① 原文是"simple, sensuous, and passionate"。语出弥尔顿(John Milton)之《论教育》(*Of Education*, 1644),第六段。任钟印主编《西方近代教育论著选》(人民教育出版社,2001)收录该文。

② 原文为:"Is Theology *merely* Poetry?"路易斯在《四种爱》引言第6段说:"'不过而已'常常是个危险字眼。"(*Mere* is always a dangerous word.)

③ poetical truth,一般汉译为"诗的真实"或"诗性真实"。关于此语,杨绛先生《听话的艺术》一文里的一段话,可作注脚:
我们看戏听故事或赏鉴其他艺术品,只求"诗的真实"(Poetic truth),虽然明知是假,甘愿信以为真。珂立支(Coleridge)所谓:"姑妄听之"(Willing suspense of disbelief)。听话的时候恰恰相反:"诗的真实"不能满足我们,我们渴要知道的是事实。这种心情,恰和珂立支所说的相反,可叫做"宁可不信"(Unwilling suspense of belief)。

的写作。要我去回答的问题,我将理解成这样:基督教神学之吸引力是否在于激起并满足我们的想象?那些信它的人,是否误认审美之乐(aesthetic enjoyment)为知性同意(intellectual assent),抑或说他们是否因乐享(enjoyment)而同意?

【§4—6. 自身经验与流行意见相反】

面对这一问,我自然要去盘查我最为熟知的信徒,那就是我自己了。我发现或看似发现的第一个事实就是,就我而言,假如神学就是诗,那无论如何也不是什么好诗。

理解为诗,三位一体教义在我看来,两头都不靠。它既无严格的一位论(Unitarian)①之定于一尊,又无多神论之丰富多彩。依我的趣味,神的全能并非一种诗性优势。与敌作战的奥丁(Odin)②——其敌人并非其被造,而且最终将会被敌人打败——具有一种英雄魅力,基督教的上帝却没

---

① Unitarianism,汉译"上帝一位论",强调在宗教中自由运用理性,一般主张上帝只有一个位格,否认基督的神性和三位一体论的一种宗教运动。(参《不列颠百科全书》第17卷324页)
② 奥丁(Odin),北欧神话之主神,阿斯加尔德仙境的统治者。美国著名的"古典文学普及家"依迪丝·汉密尔顿(1867—1963)在《神话》一书中曾对比希腊神话和北欧神话:
希腊的神祇不可能拥有英雄无畏的气概,因为所有的奥林(转下页注)

有。至于基督教的宇宙图景,也相当单调。它认为存在着某个未来国度和一些超人被造职位,但这些事到底什么样子,却只有约略暗示。① 最糟的是,整个宇宙故事(cosmic story),尽管充满悲剧成分,却未成为一部悲剧。基督教既无乐观主义之魅力,亦无悲观主义之魅力。它把宇宙之生命(the life of the universe)写得颇像这一星球上终有一死的人那

(接上页注)匹斯天神都长生不死、所向无敌。他们永远感受不到勇气的光辉,也永远不会向危险发起挑战。在打仗的时候,他们有必胜的把握,而且不可能受到任何伤害。而北欧的阿斯加耳德仙境就不同了。住在约顿海姆城的巨人们是埃西尔神族(即北欧诸神)充满活力的、永久性的敌人,他们不仅永远是诸神的心头隐患,而且知道自己最终必然能够大获全胜。(刘一南译,华夏出版社,2014,第346页)

神最终落败之日,这就是著名的"诸神的黄昏"(Ragnarok):"诸神在劫难逃,死亡就是他们的结局。"这一日来临,天庭和大地都会毁灭。阿斯加尔德仙境的居民深知这一点,所以心情十分沉重。心情最沉重的,莫过于主神奥丁。当其他诸神在大吃大喝,他则在思索他肩头上的两只乌鸦("思想"和"记忆")所通报的消息。他要尽可能推迟末日之来临:"他是万物之父,其地位高于所有的神和人,但他仍然不断寻求更多的智慧。他降临由智者米密尔看守的'智慧之井',请求饮一口井水,米密尔回答说,他必须用一只眼睛来交换,于是他同意牺牲一只眼睛。……他把自己历尽艰辛而学到的知识传给了人类,使他们也能运用'卢恩符文'来保护自己。他还再度冒着生命危险,从巨人手中获得了'诗仙蜜酒',尝过的人皆可变成诗人。他把这份贵重的礼物赐给了诸神,也赐给了人类。他在各方面都是人类的恩人。"(同前,第347页)

① 本句原文为:"A future state and orders of superhuman creatures are held to exist, but only the slightest hints of their nature are offered."

样,"像是一匹用善恶的丝线交错成的布"。① 泛神论之庄严简洁(majestic simplifications of Pantheism)②与异教物活论之盘根错节(the tangled wood of Pagan animism)③,在我看来,更有魅力。基督教正好缺失前者之齐整,后者之繁富。因为我认为,想象力爱做两类事情。它爱完全拥抱其对象,一览无余,将其看作是和谐的、对称的、自明的(self explanatory)。这是古典的想象;帕台农神庙为此而建。④ 它也爱自

---

① 原文为"of a mingled yarn, good and ill together",语出莎士比亚《终成眷属》第四幕第3场:"人生就像是一匹善恶的丝线交错成的布(The web of our life is of a mingled yarn, good and ill together);我们的善行必须受我们过去过失的鞭挞,才不会过分趾高气扬;我们的罪恶又赖我们的善行把它们掩盖,才不会完全绝望。"(朱生豪译,见《莎士比亚全集》第二卷,译林出版社,1998,第450页)

② 卢龙光主编《基督教圣经与神学词典》(宗教文化出版社,2007)释pantheism(泛神论,泛神主义):"神学概念,这名称始自18世纪初,但泛神论的思想自古已有。泛神论相信神与宇宙是等同的,否认世界的存在与神的存在是分开的。换言之,神是万有,万有是神。"

③ 《不列颠百科全书》解释"物活论"(Animism,亦译"泛灵论"或"万物有灵论")说,它是一种信仰,相信存在着涉及并干预人事的无数精灵。大多数部落或原始人群都有这种信仰。E. B. 泰勒爵士的《原始文化》(1871)第一个对泛灵论信仰作了认真考察,从而使得此词不胫而走。(见第1卷349页)罗伯特·C. 所罗门《哲学导论》第9版(陈高华译,世界图书出版公司,2012)解释说:"这一观点认为事物(或者万物)都是有生命的,也认为整个宇宙是一个巨大的有机体。"(第538页)

④ 帕台农神庙,雅典娜主神庙,公元前472—前432年,由伯里克利兴建于雅典卫城上,以祭奉雅典的守护女神雅典娜,纪念希腊当时战胜波斯。

失于迷途,屈服于不可索解。这是浪漫的想象;《疯狂的奥兰多》①即为此而作。而基督教神学对二者都漫不经心。

要是基督教只是神话传说(mythology),我则发现,我所信的这个神话传说并非我最喜欢的。我很是喜欢希腊神话,更喜欢爱尔兰神话,最最喜欢北欧神话。

【§7—10. 神学之诗性来自于信,而非相反】

这样将自己盘查一番之后,我接下来探讨,我的情形在多大程度上是特有的。它看上去并非独一无二。说人们的想象力常常对那些他们所相信的超自然图景最有兴致,这并非显而易见。从12世纪到17世纪,欧洲对古典神话之兴致持续不减。要是绘画及诗歌之数量与兴味(gusto)就是信仰之标准的话,那么就应当判定这些年代是异教时代,然而我们知道这并不对。

一些人指控基督徒混淆了想象之乐(imaginative enjoyment)与知性同意(intellectual assent),可是,这一混淆仿佛不像他们所假定的那样常见或易犯。即便是孩子,我

---

① 叙事诗《疯狂的奥兰多》(*Orlando Furioso*),一部具有史诗风格的中世纪传奇作品,作者是意大利诗人阿利奥斯托(Ludovico Ariosto, 1474—1533)。

相信，也很少有此混淆。假扮熊或马，满足了他们的想象，但我并不记得，有哪个孩子妄想自己就是熊或马。在信仰中，不就有某些东西，甚至与完全的想象之乐相反么？那些敏感的、有文化的无神论者常常乐享基督教之审美外衣（aesthetic trappings）。其乐享方式，信徒只有羡慕的份。现代诗人无可否认地乐享希腊诸神，其乐享方式，我在希腊文学中一点影子都没找到。在古代文学中，有什么神话图景堪与济慈的《海伯利安》（Hyperion）①比肩一时？在某种意义上，我们正因信了某神话，毁了其想象空间。在英格兰，我们津津乐道仙女，乃因我们不信她们存在；而在阿伦岛（Arran）或康尼马拉（Connemara），②她们就不是说着玩的。

不过，我必须保持清醒，不要走得太远。我已经提出，信仰"在某种意义上"毁了想象空间。可我没说在全部意义

---

① 《海伯利安》（Hyperion），济慈（John Keats，1795—1821）的一部无韵体史诗，创作于 1818 年。后来他又写了其修订本，即《海伯利安之陨落》（The Fall of Hyperion），但两部诗均未写完。在希腊神话中，海伯利安是十二提坦之一，也即天神乌拉诺斯和地神盖亚的子女之一。

② 阿伦岛（Arran），克莱德河湾上的一个岛屿，位于苏格拉西部。康尼马拉（Connemara），爱尔兰共和国西部戈尔韦一沿海多山地区。

上。要是我终有一天信了仙女存在,读《仲夏夜之梦》①时,现在能从中得到的某种快乐,肯定会失去。可是此后,一旦我所信的仙女定居下来,成为我的天地里的居民,并与我思想里的其他部分有了全面联系,这时就会产生一种新的快乐。我想,静观我们信以为真之物,对于一颗尚还敏感的心灵来说,总有一种审美满足——这种审美满足端赖其假定之真实(supposed reality)。某一事物存在这一赤裸裸的事实(the bare fact)当中,有某种尊严(dignity)和痛切(poignancy)。因而,正像贝尔福②在《有神论与人文主义》(很少有人阅读的一本书)中指出的那样,有很多历史事实,要是以为它们只是虚构,我们就不会为其显见的诙谐或悲怆而激动;然而一旦相信真有其事,我们就在知性满足之外,思及它们就会有某种审美乐趣。特洛伊战争的故事与拿破仑

---

① 莎士比亚的著名喜剧之一,1600年问世。
② 贝尔福(Arthur James Balfour,1848—1930),英国政治家,哲学家。在英国保守党中掌权达50年之久,先后出任首相(1902—1905)和外交大臣(1916—1919),以在第一次世界大战中发表支持犹太复国主义的《贝尔福宣言》而闻名。(参《不列颠百科全书》卷二第164页)其著作《有神论与人文主义》(Theism and Humanism),诚如路易斯所说,确实很少有人阅读。当时如此,今日更是茫昧难考。1962年,路易斯列举对他影响最大的十本书,该书就是其中之一。

战争的故事,二者都有一种审美效果。可其效果并不相同。此不同并非全然仰赖于,在二者都不相信的情况下,它们作为故事的那些不同。拿破仑战争给予我们的那种乐趣之所以有些不同,只是因为我们相信这些战争实有其事。我们所信的观念(idea),感觉上去(feels)就与我们不信的观念不同。在我的经验中,我所信的观念的独特滋味,从来不乏某种想象之乐。因而可以想见,基督徒一旦以其世界图景为真,他们的确也审美地乐享其世界图景。我相信,每一个人都乐享他所接受的世界图景,因为实有之事的难可翻移(the gravity and finality of the actual),本身就是一种审美刺激。从这个意义上讲,基督教、生命力崇拜、弗洛伊德主义,对其信众来说都是"诗"。但这并不意味着,其追随者因此而选择它们。相反,这类诗只是信之结果,而非其原因。在这一意义上,因为我相信神学,故而神学对我来说是诗;我并非因为它是诗,而相信它。

指控神学只不过是诗,要是其意思是说,基督徒相信它,是因为他们信它之前就发现,在所有世界图景中它最有诗性魅力,那么这在我看来,不通至极。也许有一些支持这一指控的证据,只不过我还不知道;但是就我所知的证据而言,全是反对这一指控的。

【§11. 科学世界观才最像一出诗剧】

当然,我不是在说,神学在你相信之前,就全无审美价值。只不过就审美价值而言,我并未发现,它与其绝大多数竞争对手相比有何优势。用几分钟想想当代主要竞争对手的巨大审美期许(aesthetic claim)——我们可以宽泛地称之为科学图景(Scientific Outlook),① 即 H. G. 威尔斯博士②及其他人所构想的图景。假如这是个神话,难道它不是人类想象力所构想的神话中最精致的一个? 这出戏的序曲,最为紧凑(austere):无尽的虚空,物质运动不息,产生出它所不知道的东西。接着,由于千万分之一又千万分之一的几率——多好的悲剧反讽啊——在某一时空点上,万事

---

① 【原注1】我并没有说,业内科学家(practicing scientist)总体上都信这幅图景。(另一成员在讨论中提出来的)Wellsianity 这个可爱称呼,会比"the Scientific Outlook"更好一些。《文学批评原理》(*Principles of Literary Criticism*,1924),第11章。

【译注】路易斯在此引用的是瑞恰慈(I. A. Richards,1893—1979)的《文学批评原理》1924年第一版,查1926年第二版,在第11章未找到 Wellsianity 一词,疑瑞恰慈删去该词。

② H. G. 威尔斯(H. G. Wells,1866—1946),英国小说家、记者、社会学家和历史学家,以科幻小说《时间机器》、《星际战争》和喜剧小说《托诺-邦盖》、《波里先生的历史》而闻名。(参《不列颠百科全书》第18卷168页)

俱备,冒出一个小酵母来,这就是生命的开始。凡事仿佛都和我们的戏剧的幼小主角作对——恰如在童话故事开头,凡事仿佛都和小儿子或受虐待的继女作对。然而不知怎的,生命无往而不胜。受尽无数磨难,越过几乎不可逾越的障碍,生命扩张、繁殖、修炼(complicates itself),从变形虫进化出植物,进化出爬行动物,进化出哺乳动物。我们瞥见巨兽时代(the age of monster),恐龙在地面觅食,相互吞噬,最终灭绝。接下来又是小儿子主题及丑小鸭主题。恰如无生之物的巨大敌意中间,闪出生命的星星之火。这一次,又是出于千万分之一又千万分之一的几率,在比他强大许多的野兽中间,又出现了一个小小的赤身裸体、战战兢兢、缩手缩脚的生灵,东躲西藏,还未直立行走,前路茫茫。然而不知怎的,他兴旺发达了。他成了穴居人(Cave Man),群居,取火,围着敌人尸骨喃喃自语猞猁咆哮,揪着尖叫的配偶的头发(我实在不明白为什么)。他因妒火中烧将孩子们撕成碎片;直到有一天,一个孩子长大成人,又转过来把他撕成碎片。他照自己的形象创造了充满敌意的诸神,匍匐在他们面前。但这些都只是成长中的痛苦。耐心点,看下一幕。这幕戏里,他成为真正的人(true Man)。他学会了驾驭自然。科学登场,驱散了婴儿期的迷信。他越来越成为自己命运的主宰。匆匆穿过现在(因为依我们正在用的时间标尺来度量,现在什么都不是),你跟着他步入未来。看他在这出神秘大戏的最后一幕,尽管不是最后一场。①一个半神种族(a race of demigods)如今统治着这一星球——或许不止统治这一星球——因为优生学已经保证,只有半神才准予出生;精神分析已经保证,无人再会失去或弄脏自身之神性(divinity);人已经登上王位。从此之后,他除了践履德性、增长智慧、追求快乐之外,不用做任何事情。现在,看看天才们的最后手笔。要是这一神话就此戛然而止,它可能就有些平庸。它会缺乏人类想象力所擅长的那种波澜壮阔。这最后一场,则呼啦啦似大厦倾(reverse all)。我们有了诸神的黄昏。一直以来,自然这一古老敌人在不断朽坏,悄无声息,无休无止,非人力所能及。太阳将会变冷——一切恒星都会变冷——整个宇宙终将耗尽。生命(各种形式的生命)都将会被驱逐出无尽空间里的每一寸土地,没有希望重返。一切终将归于无有,"宇宙黑暗笼罩

---

① 一出大戏,往往分为几幕,一幕又分几场。

一切"。① 于是,这一神话之格局(the pattern of the myth),就成了我们所能想见最高贵的格局之一。它是许多伊丽莎白时代悲剧之格局(pattern),其中所再现的主人公的事业,缓缓上升之后急转直下,其最高峰在第四幕。你看他平步青云,在光辉顶点光芒万丈,最终却树倒猢狲散。

这样一出世界大戏,全方位地吸引我们。英雄人物之早期奋斗(这一主题愉快地上演两次,首先由生命上演,接着由人上演)诉诸于我们的豪情(appeal to our generosity)。他一路春风得意,合理发挥了乐观主义,因为其悲剧收场还极其遥远,以至于各位不用经常虑及——我们有百万年的空间。这一悲剧结局提供的那种反讽那种庄严,会唤起我们的反抗;离开此反讽和庄严,其余一切会令人腻味。这一神话中,有一种美,更应得到诗的待遇(poetic handling),可实际上没有;但愿会有几个伟大天才,在变化无常的哲学风潮将此神话吹走之前,能把这种美结晶出来。我所说的美,当然是无论你是否信此神话,它都具有的那种美。我这是感同身

---

① 原文是"universal darkness covers all"。语出蒲柏(Alexander Pope,1688—1744)的讽刺长诗《愚人志》(*The Dunciad*,1742)之最后一行。

受。因为此神话所讲述的过去,我连一半都不信;至于它所讲述的未来,我则一点都不信。可是,当我静观(contemplate)它,还是深受触动。同样打动我的另一故事——除非就是同一故事的翻版,也的确是的——只有《尼伯龙根的指环》(*Nibelung's Ring*)。"我看到了世界末日。"①

因而,我们不能仅仅因为神学无可避免的诗性,而小看神学。所有的世界观,仅仅因其信徒相信,都给他们提供了诗。而且,几乎所有世界观,都具有某种诗性特质(poetical merits),无论你相信与否。这应在我们意料之中。人是一种诗性动物(poetical animal),不吸引他的东西,他不会碰。

【§15—16. 异教神话乃基督神学之预表】

不过还有两种思路,可能引导我们称神学不过是诗,必须现在考察一下它们。首先,神学当然包含着一些元素,与我们在许多早期宗教甚至野蛮宗教中所发现的相似。早期

---

① 原文是"*Enden sah ich die Welt!*"意为"I saw the world ending"。路易斯引用的是,瓦格纳的歌剧《尼伯龙根的指环》(*Der Ring des Nibelungen*)最后一部"诸神的黄昏"结尾部分,布伦希尔德的最后一句唱词。在现行版的《指环》中,这句台词已经删去。最早版本中的这句唱词,通常被称作"叔本华式结局"(Schopenhauer ending)。当时,瓦格纳受叔本华的悲观哲学影响颇深。后来,他舍弃不用。

宗教中的这些元素，我们如今看来或许就是诗性的。问题就此变得复杂起来。巴尔德耳①之死而复生，我们如今看作一个诗性观念（poetical idea），一个神话。我们就进而推论说，耶稣之死与复活也是个诗性观念，也是个神话。可是，我们其实并未从"二者皆诗"这一论据（datum）入手，并进而论证"二者皆伪"。环绕巴尔德耳的诗性光晕（poetical aroma），我相信，部分归因于我们已不再信它这一事实。所以，论证的真正起点是这一不信，而非诗性经验。可是，这点差别的确细微（subtlety），或许还过度细微，且将它放在一边。

关于基督神学之真伪，异教中出现相似观念，实际会带来什么启迪？我想两周前，布朗（Brown）先生已经给了答

---

① 巴尔德耳（Balder）：古斯堪的纳维亚神话中主神奥丁与妻子弗丽嘉所生的儿子。他长得英俊，为人正直，深受诸神宠爱。关于他的大多数传说讲的是他的死。冰岛故事则谈到诸神如何向他投掷东西取乐，因为他们知道他不会受伤。黑暗之神霍德耳受邪恶的洛基的欺骗，把唯一能伤害他的槲寄生投向巴尔德耳，将他杀死。某些学者认为巴尔德耳消极忍受苦难的形象，是受了基督形象的影响。（参《不列颠百科全书》第 2 卷 161 页）美国著名的"古典文学普及家"依迪丝·汉密尔顿（1867—1963）在《神话》一书中写道："光明之神巴尔德耳是天上和人间最受爱戴的神祇，他的死亡是诸神所遭遇的第一个重大灾难。"（刘一南译，华夏出版社，2014，第 348 页）

案。为了论证(for the purpose of argument),我们假定基督信仰为真;那么,想要避免与其他宗教之巧合,就只能假定其他一切宗教都全然错了。关于这一点,你也记得,普莱斯(H. H. Price)教授和布朗先生意见相同①,他回答说:"是啊,从这些相似之处出发,你得出的结论,或许并非'不利于基督教',而是'有利于异教'。"真相是,这些相似既未说明基督信仰为真,也未说明基督信仰为假。要是你从一开始就假定,基督信仰为假,那么,那些相似之处与此假定颇为吻合。同类被造,面对同一宇宙,不止一次做出同样的错误猜测,这都在意料之中。不过,要是你一开始就假定,基督信仰为真,这些相似之处还是同样熨帖。当神学说,一种特别启示(a special illumination)被赐予基督徒以及(早先的)犹太人之时,也说某种神圣启示(divine illumination)

---

① 布朗先生必定是苏格拉底学会的一个成员或常客。苏格拉底学会每周聚会一次,两周前的聚会,也即1944年10月23日的聚会上,普莱斯(H. H. Price)主讲,宣读论文《现代不可知论之基础》(The Grounds of Modern Agnosticism)。1946年5月20日,路易斯在苏格拉底学会宣读《无教条的宗教?》(Religion without Dogma?),反驳普莱斯教授。路易斯此文,见Walter Hooper主编的路易斯文集 God in the Dock: Essays on Theology and Ethics(Grand Rapids: Eerdmans, 1970),拙译该书将由华东师范大学出版社出版。

被赐予所有人。我们被告知,这神光(Divine light)"照亮一切生在世上的人"。① 因而我们有理由期待,即便在伟大的异教导师和神话作者的想象之中,也会找到同一主题之端倪。这一主题,我们相信就是整个天地故事(cosmic story)的核心情节——即道成肉身、死亡和重生的主题。② 异教的救主们(the Pagan Christs)(巴尔德耳、俄西里斯③等等)与基督本身的区别,在我们的预料之中。异教故事不外乎是,某人死而复生,要么年年如此,要么是无人知道何时何地。基督教故事讲述的则是一个历史人物(historical personage),祂受死之日有稽可考,判祂死刑的罗马官长有名有姓,祂所创立的团体(society)④与祂的关系,从未间断,直至今日。二者并非真理与伪说之别。二者之别仅仅在

---

① 《约翰福音》一章9节:"那光是真光,照亮一切生在世上的人。"
② 详参路易斯《神话成真》(Myth Became Fact)一文,文见 Walter Hooper 主编的路易斯文集 God in the Dock: Essays on Theology and Ethics (Grand Rapids:Eerdmans,1970)第一编第5章。
③ 俄西里斯(Osiris,亦译俄赛里斯),埃及神话中的自然界死而复生之神,冥界之王。参鲁刚主编《世界神话词典》(辽宁人民出版社,1989),亦可参《不列颠百科全书》第12卷453页。
④ 指教会。《马太福音》十六章18节。其中耶稣对使徒彼得说:"我还告诉你:你是彼得,我要把我的教会建造在这磐石上,阴间的权柄不能胜过他。"

于,一方是真实事件(a real event),一方则是对同一事件的模模糊糊的托梦或预表(premonitions)。① 这好比看着某样东西逐渐进入焦点。一开始,飘散在神话或仪礼(ritual)之云端,飘渺模糊;后来,它凝聚,变得棱角分明,某种意义上也变小了,成为公元一世纪发生在巴勒斯坦的那个历史事件。在基督教传统内部,甚至也经历了这么一个缓慢的聚焦过程(gradual focussing)。最早的旧约经文所包含的许多真理,都以传说(legendary)甚至神话(mythical)的面孔出现——飘在云端。可是,渐渐地,真理凝缩,变得越来越像历史。你从诺亚方舟或太阳止在亚雅仑谷(Aijalon)②之

---

① 路易斯《返璞归真》卷二第3章,说异教神话故事,就是"神给人托了一些我所谓的好梦"(He sent the human race what I call good dreams)。至于这些"好梦"所预表的真事,则是道成肉身。这里牵涉到路易斯对异教神话与道成肉身之关系的深刻见解,可惜现行中译本都未体认到这一点,全都望文生义,译错了。关于"神托好梦给人",《诗篇撷思》第三章的这段文字,是其绝佳说明:"生于主前的每位圣哲,不管属于犹太教或非犹太教,都是他的先驱。基督教未诞生之前的整部人类宗教史,好的一面都在为基督铺路。这是事实,不必讳言。那从起初就照亮人的光,只可能愈照愈明,不可能变质。真理的'源头'绝不会半途窜起,如'空前未有'这流行的语词所影射的。"(曾珍珍译,台北:雅歌出版社,1995,第27页)路易斯《神话成真》(Myth Became Facts)一文,则对此问题作专门讨论。

② 《约书亚记》十章12—13节:"当耶和华将亚摩利人交付以色列人的日子,约书亚就祷告耶和华,在以色列人眼前说:'日头啊,你要停在基遍;月亮啊,你要止在亚雅仑谷。'于是日头停留,月亮止住,直等国民向敌人报仇。"

类事情,来到大卫王的朝廷记事。最终你抵达《新约》,历史主宰了一切,真理就是道成肉身。"道成肉身"在这里不只是隐喻。从存在的视角(the point of view of being)表述为"上帝成为人"(God became Man),从人类知识视角表述为"神话成为事实"(Myth became Fact),二者并非偶然相似。所有事情之本质意涵,从神话之"天"(the "heaven" of myth)降临在历史之"地"(the "earth" of history)。这样做的时候,神话牺牲了自己的部分荣耀(glory),恰如基督牺牲祂的荣耀降卑为人。这才是真正解释了这一事实:神学跟其对手相比,不只在表面上而且在真正意义上并不那么富有诗意;它击败对手,远远不是凭借其高超诗意。同理,这也是《新约》不如《旧约》富有诗意的原因。在教会中你是否有过这样的感觉,如果说第一课属于鸿篇巨制,相比之下,第二课就显得篇幅小了一些——甚至可说是淡乎寡味?① 正是如此,也必定如此。这是一种降卑(humiliation),神话降为事实,神降为人。原本无所不在、无形无相而又不可名状,只能在梦境、象征及仪礼之诗剧中略见一斑,逐渐变小,变得具体可

---

① 路易斯在此说的似是英格兰教会礼拜的老规矩。先朗读旧约里的一段经文,接下来朗读新约的一段经文。

触——仅仅变成可以在加利利湖的行船里安然入睡的一个普通人。① 尽管如此,你仍然可以说,这是一种更为深沉的诗歌。我不会反驳你。降卑带来一种更大的荣耀。② 然而,上帝之降卑,以及神话内敛或凝聚为事实,却千真万确。

【§17—21. 神学与象征语言:两个问题】

既然方才提到了象征(symbol),那就顺便谈谈关于神学"不过是诗"(mere poetry)的最后一点。神学当然和诗歌一样,都运用隐喻的或象征的语言。三位一体教义里的圣父圣子,并非生理意义上的父子。圣子"降临"尘世,也不是

---

① 路易斯《应稿成篇集》(They Asked for a Paper)第九章:

神的光,据说"照耀每一个人"。因此,在伟大的外邦教师和神话作者的想象世界里,我们应可发现一些有关某些主题的端倪,亦即有关道成肉身和死而重生的端倪,我们认为这端倪实则也是整个宇宙故事的情节。

外邦人传说中的救主,如巴尔德、奥西瑞斯等和耶稣基督之间有区别,也在我们的预料之中。外邦人的故事所叙述的,总是某个人死后又复活了,这种事每年都会发生一次,至于发生的时间和地点,没有人知道。基督教的故事则涉及一个曾经出现在历史中的人物,他哪一天在哪一个罗马的官长手中受死,都有稽可考,而神与他一同创立的团体延续到今天,仍与许多人有关联。

基督教与异教有关死而复活的故事,其间的差别不是真理与伪说的差别,而在于一个是真实的事件,另一个则是与这事件有关的梦和预感。(见《觉醒的灵魂2:鲁益师谈世界》,曾珍珍译,台北:校园书房,2013,第266页)

② 《路加福音》十八章14节:"凡自高的,必降为卑;自卑的,必升为高。"

伞兵意义上的降临,也不像气球那般升天,说祂坐在圣父右边也不是其字面义。既如此,基督教为什么说起来却像实有其事一样?不可知论者想①,之所以这样说,是因为基督教的奠基者当时相当天真无知,从而严格相信这些陈述,而后来的基督徒,则出于胆小或保守继续沿用这些语言。常常有人请我们,借用普莱斯(H. H. Price)教授的话来说,扔掉核桃壳保留核桃仁。

这就牵涉到了两个问题。

1. 早期基督徒信什么?他们是否相信,上帝真的在天上有个宫殿,真的在宝座的右边给祂的儿子准备了一个宝座?——或者说,他们是否不如此相信?答案是,我们所提

---

① 关于上帝之存在,有三种主要观点:有神论,无神论及不可知论。尼古拉斯·布宁、余纪元编著《西方哲学英汉对照辞典》(人民出版社,2001)释不可知论(agnosticism):

[源自希腊词:a(非)和 gnostikos(正在认识的人)] T. H. 赫胥黎所用的术语,指这样一种立场:它既不相信上帝存在也不相信上帝不存在,并且否认我们能够有任何关于上帝本性的知识。不可知论即相对于认为我们能认识上帝存在和本性的有神论;又相对于否认上帝存在的无神论。不可知论者认为,人类理性有着固有的和不可逾越的界限,正如休谟和康德所表明的。我们不能证明任何支持有神论或无神论主张的合理性,因而应该中止我们对这些问题的判断。不可知论的态度许多时代以来一直经久不衰,但它在 19 世纪关于科学与宗教信仰的论争中在哲学上变得重要起来。不可知论也更一般地用来表示,对超越我们直接感知或共同经验的东西这类主张的真假问题应中止判断。

供的选项,在他们心中可能从未出现过。一旦这一选项出现在他们心目中,我们也深知,他们会支持哪个阵营。我想大约就在二世纪吧,拟人论(Anthropomorphism)①问题明确那时摆在教会面前,它就为人所谴责。教会在知道这个问题的当儿,就知道其答案(上帝没有身体,因而不会坐在座椅里面)。然而,在提出此问题之前,人们当然既不信此答案,也不信彼答案。治思想史,最无聊的错误(tiresome error)莫过于,企图用前人心目中根本没有的那种区分,给前人归类。这样,你就是在问一个根本没有答案的问题。

---

① anthropomorphism,亦译"拟人说"。尼古拉斯·布宁、余纪元编著《西方哲学英汉对照辞典》(人民出版社,2001)释 anthropomorphism(拟人说):

[源自希腊语 anthropos(人,人类)和 morphe(形状、形式、外貌)]把人的形式和性质归给非人的事物,尤其是神。在荷马与赫西俄德那里,是用人的特性及情感来描述诸神的。宗教拟人说的这种风格,首先受到了希腊哲学家克塞诺芬尼的攻击,他宣称,假如马或牛有手并能创造艺术品,那么,它们也会仿照自己的样式描绘神。但是,其他人用下述主张回答了这种异议:我们能够依据人的属性谈论神,因为人是神的影像。人是神由以表明或显现自身的介体。根据这种理解,当拟人说依照人来阐释神时,又把人归为拟神的本性。基督教的化身说是拟人说的一个典型例证,因为上帝自身变成一个人。按照 G. H. 刘易斯(1817—1878)的看法,拟人说是依照意识、情感、思想、交流等等通常被认为仅仅属于人类的属性来描述动物、植物和宇宙。

"拟人说,……是将仅仅适用于人的特征归属于非人的事物。"——里根:《动物权利问题》,1983 年,第 30 页。

极有可能的是，大多数第一代基督徒（几乎可以确定不是全部）思考他们的信仰时，从未不带拟人形象（anthropomorphic imagery）；他们并未像现代人那般明确意识到，它不过是个形象。但这一点也不意味着，他们的信念本质上与某个天上宫殿的种种细节有关。他们所珍视的不是这个，他们也不会为之献身。他们中间的任何一位，要是去了亚历山大城①，接受哲学教育，就会立刻认识到，形象只不过是形象，不会感到他的信念有什么实质改变。在我亲眼看到之前，我心中形成的牛津学院画面，与其实物细节大相径庭。但这并不意味着，当我来到牛津之时，我发现我对一所学院到底意味着什么的理解，统统是个幻觉。实物画面（physical pictures）无可避免地伴随着我的思考，但它们并非我的兴趣所在，而且没有它们，我的思考大部分也曾正确

---

① 亚历山大城（Alexandria），埃及北部城市，一度为古代世界最伟大的城市。自公元前 332 年为亚历山大大帝建成之日起，直到公元 642 年为阿拉伯人占领为止，一直是埃及首都。在此期间，亚历山大城既是希腊学术与科学之中心，也是犹太学术之中心。据传，旧约圣经由希伯来文译为希腊文"七十子本"，即完成于此。公元 2 世纪中叶，最早的基督教高等学府"亚历山大学院"（School of Alexandria）成立，主张"隐喻解经法"（参《不列颠百科全书》第 1 卷 203—206 页）。路易斯所说的接受哲学教育之地，应就是此学院。

无误。你的思考(what you thinking)是一码事,你思考之时的想象(what you imagine),是另一码事。

最早的基督徒,与其说像是误认果壳为果仁,不如说像是拿着一块还没砸开的核桃。一旦核桃砸开,他就知道该把哪部分扔掉。那时他紧紧攥着核桃,不是因为他笨,而是因为他不笨。①

2. 常有人请我们,脱开隐喻和象征来重述信仰。没这样做,是因为我们不能。假如你乐意,我们可以说"上帝进入历史"(God entered history),不再说"上帝降临尘世"(God came down to earth)。可是,"进入"和"降临"一样是个隐喻。你只不过用水平运动或无向运动,代替垂直运动而已。我们能使语言更加粗笨,却不可能使它更少隐喻。我们能够使得图画更乏味,却不可能使它不是画(pictorial)。这一无能,可不是我们基督徒之专利。著名的反基督教作家瑞恰慈博士有这样一段话:"只有通过传导的(感官

---

① 路易斯《神迹》第16章:"一个相信空中真有'天堂'的人,和许多动一动笔就把这谬误揭发出来的现代逻辑家相比,前者心中的天堂概念恐怕还更真实、更有灵性些。"(见《觉醒的灵魂2:鲁益师看世界》,寇尔毕编,曾珍珍译,台北:校园书房,2013,第90页)

的)冲动,或通过过去感官冲动的作用,由此产生效果的精神活动的那一部分原因才能够说是已经知道的。这种保留说法无疑引起了种种难题。"①瑞恰慈博士的意思并不是,那一部分原因就在"产生"(takes)一词的字面义上"产生效果"。他的意思也不是,它"通过"一种感官的冲动产生效果,就像你能拿着一件东西"通过"门道一样。在第二句话"这种保留说法无疑引起了种种难题"里,他的意思也不是说,一个防御行为、预订的火车座位或一个美国公园,还真地要去着手整理一团乱麻。② 换句话说,关于物理对象之外事物的所有语言,都必然是隐喻的。③

---

① 【原注2】《文学批评原理》(1924),第11章。【译注】原文为"only that part of the cause of a mental event which takes effect through incoming(sensory)impulses or through effects of past sensory impulses can be said to be thereby known. The reservation no doubt involves complications."拙译采用杨自伍先生之译文。见瑞恰慈《文学批评原理》(百花洲文艺出版社,1997)第77页。

② 路易斯分析的是瑞恰慈的这句话:"The reservation involves complications."其中reservation一词,"保留说法"乃其比喻义,其字面义,则是保留、预订、美国专留给印第安部落的居留地。至于complication一词,"种种难题"也是其比喻义,其字面义则是一团乱麻。

③ 路易斯《神迹》第10章第2节:"心理学、经济学或政治学的书籍,如同诗或领袖方面的书籍一样,也含有一连串的隐喻。"(见《觉醒的灵魂1:鲁益师谈信仰》,曾珍珍译,台北:校园书房,2013,第162页)

【§22—24. 科学宇宙观之悖谬】

出于这些理由,我想(尽管我们在弗洛伊德以先就知道,心想[heart]总是靠不住)①,接受了神学的那些人,并不必然被趣味(taste)而不是理性(reason)所左右。就我经验所及,人们通常描绘这幅画面纯属无稽——基督徒挤在一片十分狭小的海岸上,"科学"之潮越涨越高。几分钟前我请你叹赏(admire)的那个宏大神话(grand myth),对我而言,并非袭击我的传统信念的新敌。相反,那个宇宙论(cosmology)恰好是我所从来之处。我归信基督之前,早就对此深表怀疑并最终抛弃。在我相信神学真实不虚之前,我很早就决定,流行的科学图景无论如何都是错的。一个绝对处于核心地位的前后矛盾摧毁了它。这一前后矛盾,两周前我们曾有接触。② 整个图景,自诩是基于由观察事实而来的推论。除非推理(inference)有效,否则整个图景就会消失。除非我们能保准,最遥远的星系或最遥远的部

---

① 《耶利米书》十七章9节:"人心比万物都诡诈,坏到极处,谁能识透呢?"

② 【原注3】1944年10月30日,David Edwards博士在苏格拉底学会宣读题为《信一位人格神,与现代科学知识是否相容》(Is Belief in a Personal God Compatible with Modern Scientific Knowledge?)的文章。

分里的实存(reality),也服从此时此地身在实验室的科学家的思维法则(thought laws)——换言之,除非理性(Reason)是一种绝对(an absolute)——否则一切都会一塌糊涂。可是,提请我相信这一宇宙图景的那些人,却又请我相信,理性只不过个副产品,是无心之物(mindless matter)在其无休无止毫无目标的生成过程的某一阶段,无法预见且无意为之的副产品。这是自打嘴巴。① 他们同时请我,既要接受一个结论,又不要相信这一结论可以站得住脚的唯一证据。这一难题(difficulty),在我看来是致命的。你将这一难题摆在许多科学家面前,你根本不会得到一个回答,他们仿佛甚至不理解难题是什么。这一事实就让我放心,我所发现的并非镜花水月,而是探查到他们的思维模式一

---

① 这一论证很是著名,人称路易斯的"理性论证"(Lewis's "Argument from Reason")。路易斯的问题是,姑且假定自然主义(Naturalism)世界观为真,假定我们的生命、意识、思维等等,究其根本都是原子随机运动之产物,那么,我们拿什么来保证这一理论自身的有效性。比如他在《生活在核弹时代》(On Living in an Atomic Age)一文中说:"只有信任我们自己的心灵,我们才能够了解大自然本身。假如通晓大自然的结果是,大自然教导我们(也就是说假如科学教导我们),我们自身心灵是原子的随机排列(chance arrangements of atoms),那么,这里必定就有某种错误。因为,倘若真是这样,那么,科学本身也必将是原子的随机排列(chance arrangements of atoms),因而我们将毫无理由相信科学。"(见拙译《切今之事》,华东师范大学出版社,2015,第127—128页)

开始就有的一个病灶。立即理解了这一情势的人,会因之不得不认为,科学的宇宙论总体上也是个神话;尽管毫无疑问,其中掺杂了大量真实细节。①

这样一来,那些小难题,就几乎不值一提。不过,小难题可为数不少,也不可小觑。柏格森对正统达尔文主义之批评,就不太好答复。更令人不安的是沃森(D. M. S. Watson)教授的辩护。"动物学家接受进化本身,"他写道,"不是因为已经观察到出现进化,也不是因为逻辑连贯的证据证明真有进化一事,而是因为唯一对立选择,创世论显然不可信。"②何至于此? 现代自然主义整个庞大构架,不依靠实证,只依靠

---

① 【原注4】考量这一宇宙观的神话品格之时,我们会留意到,提出证据之前,它就有两个极富想象力的表述:济慈的《海伯利安》(*Hyperion*),还有《尼伯龙根的指环》,都是前达尔文著作(pre-darwinian works)。

② 【原注5】见《科学与B. B. C.》(Science and the B. B. C.),《19世纪》(*Nineteenth Century*)1943年4月号。

【译注】原文为"Evolution itself is accepted by zoologists not because it has been observed to occur or... can be proved by logically coherent evidence to be true, but because the only alternative, special creation, is clearly incredible."这是沃森(D. M. S. Watson)最有名的一句话。这句话版本不一,最常见的版本是:"the theory of evolution itself, a theory universally accepted not because it be can proved by logically coherent evidence to be true but because the only alternative, special creation, is clearly incredible."D. M. S. 沃森(1886—1973),1921—1951年任英国伦敦大学学院(University College, London)动物学和比较解剖学教授。

一种"先验的"(a priori)形而上偏见么?构架这么个庞然大物,不是为了收集事实,而只是为了排斥上帝么?可是,即便严格的生物学意义上的进化(Evolution),相比沃森教授的看法,有许多更可靠的根据——我也禁不住想它必定有——我们也必须把这一严格意义上的进化,与现代思想中我们或可称为宇宙进化论(universal evolutionism)的东西区分开来。我用宇宙进化论一词是指这一信念,它相信宇宙进程的公式就是,从不完善到完善,从小开端到大结局,从雏形到精致。这一信念使得人们自然而然认为,道德观念源于野蛮禁忌,成人情操源于婴儿期的性失调,思想源于本能,心灵源于物质,有机源于无机,天地源于混沌。这或许是当代世界最根深蒂固的心灵习惯。在我看来,这实在难以置信。因为它使得自然的一般进程与我们可以观测的那部分自然,大相径庭。你还记得那个是先有蛋还是先有鸡的那个古老难题吧!现代人对宇宙进化论之默许,是一种因只注意蛋生鸡而产生的视错觉。孩提之时,我们接受教导,去留意从橡子如何长成大橡树(perfect oak),忘记了橡子本身是从大橡树上掉下来的。不断有人提醒我们,成人曾经是个胚胎,却从无人提醒我们,胚胎之生命来自两个成人。我们喜欢留意,今日之高速车头(express engine)是"火蒸机"(Rocket)①的后代,我们却没有同样记住,"火蒸机"并非源于某种更初级的车头,而是源于比它完美精细得多的某种东西——也即,一个天才人物。绝大多数人在层创进化论②里仿佛找到的某种显而易见或自然而然,看来其实纯粹是一种幻觉。

基于诸如此类的根据,我们就被迫认为,不管什么会是真的,流行的科学宇宙论无论如何都不是。我下了这条船,并非因为诗之召唤,而是因为它会沉没。哲学唯心论③或

---

① Rocket 是最先出现的蒸汽火车,1825 年由乔治·史蒂芬森(George Stephenson)设计发明。在汉语界,火车在最初称为"火蒸车",轮船称为"火蒸船"。依此,兹将 Rocket 一词译为"火蒸机",以凸显其原始。

② 美国学者唐纳德·沃斯特《自然的经济体系:生态思想史》中解释"层创进化论"(emergent evolution):

一种在 20 世纪初为摆脱生机论和机械论的论争而从科学和哲学角度提出的理论。C. 劳埃德·摩根和另外一些人声称,通过进化,新的统一体可能"突生",并呈现出一种从它们先前的角度不可能分析到的不可预料的特质,因此需要一种新的研究模式。生命从无理性的物质中的突生就是一例。生态学家威廉·莫顿·惠勒和沃德阿什后来从社会的角度给新的"突生"下了定义,即:自然界中的社会协作模式发展到高层次上的一种自发现象。"突生"思想有助于形成相互依赖性的伦理学观点,或者"生态学观点",它也与科学上的有机论和整体论的方法论有着密切联系。(侯文蕙译,商务印书馆,2007,第 546 页)

③ 唯心论(idealism)一词,在西语界,其含义与现代汉语里的意思大有不同。尼古拉斯·布宁、余纪元编著《西方哲学英汉对照辞典》(人民出版社,2001)释"唯心论"(idealism): (转下页注)

有神论之类，最次最次，其真实程度也不会低于它。要是你认真对待唯心论，唯心论其实是改头换面的有神论（disguised Theism）。一旦你接受了有神论，你就不可能无顾基督之呼召。要是你详细考察这些呼召，那么在我看来，没有中间立场供你采用。要么祂是个疯子，要么是神（God）。而祂并非疯子。①

（接上页注）

任何认为观念是知识的真实对象，观念先于物体，以及观念为事物的"是"提供根据的哲学立场，都可叫做唯心主义。根据这一观点，观念在形而上学上和知识论上都是在先的，我们所指的外部现实反映了精神活动。唯心主义并不主张心灵在一种实质性的意义上创造了物质或物质世界。这种观点也没有混淆思想与思想的对象。它的中心论点是，外在世界只有通过观念的工作才能得到把握；我们对于外在世界所能够说的一切都是以心灵活动为中介的。世界自身当然不依赖心灵，但为我们所认识的世界一定是由心灵构造的。唯心主义是关于我们所认识的世界如何能够是这样的一种哲学观点，它并不直接与任何政治观点立场相联系。由于对观念的性质有多种理解，相应地，也有许多种类的唯心主义。

"价值存在，可它们的存在及特性都以某种方式依赖于我们，依赖于我们的选择、态度、承诺、结构等等。这一立场叫做哲学唯心主义或创造论"——诺齐克《哲学解释》，1981年，第555页。

① 这是典型的路易斯式的非此即彼（either/or）。其经典表述见路易斯《返璞归真》一书卷二第3章，其中说耶稣基督："他说自己可以赦罪，赦免一切的罪。除非说话者是上帝，否则，这话就荒谬到了可笑的地步。我们都知道人怎样宽恕别人对自己的伤害：你踩了我的脚，我宽恕你，你偷了我的钱，我宽恕你。但是一个既没被踩也没被偷的人，却宣称自己宽恕你踩了别人的脚、偷了别人的钱，这如何理解？'蠢得像头驴，'这是对他的行为最客气的评价。然而这正是耶稣所说的。他只是告（转下页注）

【§25. 堂庑大小：神学容得下科学，

科学甚至连科学都容不下】

学校教我，作运算时，要"证明我的答案"。我对宇宙这道算术题所作的基督教解答，其证据或证实过程（verification）如下。当我接受神学，我或许会在这儿那儿发现一些难题（difficulties），即如何协调它与科学所派生的神话般宇宙论中所包含的特定真理的问题。尽管如此，我还是能够进入（get in）或虑及（allow for）科学整体。假使理性（Reason）先于物质，假使此元始理性（primal Reason）之光照亮有限心灵，我藉助观察和推论，就能够理解人如何最终得知关于他们居于其中的宇宙的许多事情。反过来，假如我整个吞下科学的宇宙论，那么我不但容不下（fit in）基督教，甚至也容不下科学。假如心灵整个仰赖大脑，大脑整个仰赖

（接上页注）诉人们，他们的罪得到了赦免，事先却从来不问他们到底伤害了谁。他毫不迟疑地宽恕别人，仿佛自己是主要的当事人、一切伤害案件中首要的受害者。只有他真的是上帝，因而每一桩罪都触犯了他的律法、伤害了他的爱时，这些话才有意义。出自上帝之口的任何人之口，这些话在我看来都只会让人感到史无前例的愚蠢自负。……耶稣所说的话倘若出自一个凡人之口，你就不可能称他为伟大的道德导师，他不是疯子（和称自己为荷包蛋的人是疯子一样），就是地狱里的魔鬼。"（汪咏梅译，华东师范大学出版社，2007，第63页）

生物化学，生物化学（终究）仰赖原子的毫无意义的运动，我就无法理解这些心灵里的思想，比起树林里的风声，又有什么重要意义（significance）。这在我看来，才是最终检验（final test）。我这样区分梦与醒。醒着时，我在某种程度上，能够说明或研究我的梦。昨夜追我的那条龙，可以纳入（fit into）我的清醒世界。我知道，有梦这类东西；我知道吃了一顿难以消化的晚饭；我知道，若有人跟我读一样的书，他梦见龙也在意料之中。然而，当我在梦魇中，我无法纳入我的清醒体验。之所以评判清醒世界更为真实，是因为它能容纳睡梦世界；之所以判定睡梦世界不大真实，是因为它无法容纳清醒世界。同理，当从科学观点转向神学观点，我是从梦转醒。基督教神学能容纳（fit in）科学、艺术、道德以及准基督的宗教（sub-Christian Religions）。科学观点无法容下这些事情里的任何一个，甚至容不下科学本身。我信基督教，恰如我信日出东方，不只是因为我看到太阳，而且是因为依靠太阳我看到了其余的一切。

六　话圈内[①]

(1944)

The Inner Ring

【译按】社会上有各色各样的圈子,正常不过,也无可厚非。一门心思走圈圈,则是通向地狱之坦途。路易斯曾说,"通往地狱的那条最安全的路其实并不陡峭——它坡度缓和,地面平坦,没有急转弯,没有里程碑,也没有路标"。圈子心理,正是这样一条路。

---

① 1944年12月14日,路易斯在伦敦大学国王学院(King's College)作此演讲。关于本文所论的圈子心理,更可参见路易斯的空间三部曲之三《黑暗之劫》。可以说,该书主题之一就是现代知识人的圈子心理。

【§1—5. 圈子现象学】

请容我给各位先读托尔斯泰的《战争与和平》里的几行文字：

> 当保理斯走进来时,安德来公爵轻蔑地眯着眼(带着那种特别的顾全礼貌的疲倦的神情,这明显地表示,假如这不是我的责任,我连一分钟的话也不同您说),听一个年老的有许多勋章的俄国将军在说话,这个将军几乎是踮着脚,站得挺直,紫脸上带着军人的、谄媚的表情,向安德来公爵在报告着什么。
>
> "很好,请等一下,"他用俄语向这个将军说,却带着法语的发音,这是在他想要轻蔑地说话时所有的情形,并且,看见了保理斯,安德来公爵便不再注意将军(将军央求地跟在他背后跑着,要求他再听一点),带着愉快的笑容转向保理斯,对他点头。
>
> 保理斯这时候已经明白地了解了他从前所推测的事情,即是,在军队中,除了军纪中所规定的、团里大家共知的、他也知道的那种服从与纪律,还有别的更基本的服从,它使这个紧束腰带的紫脸将军恭敬地等候着,

而这时候,上尉安德来公爵却为了自己的高兴,宁愿和德路别兹考准尉去说话。保理斯比任何时候都更坚定地下了决心,以后不再按照那种成文的军纪去服务,却要按照这个未成文的服从律去服务。①

诸位既然邀请了我这个中年卫道士(moralist)②来作演讲,我想,我必须作结论说,大家喜欢中年人的说教(moralizing),尽管这结论好像不大可能。我要尽力满足这一喜好。事实上,我要就列位将要步入的世界,提点忠告。这样说,并非打算谈谈我们所谓的当务之急(current affairs)。关于当务之急,你可能知道得和我一样多。我也不打算告诉你——除非我泛泛而论令你难以觉察——在战后

---

① 【原注】第三部,第9章。【译注】高植译《战争与和平》(上海译文出版社,1981)第一卷第三部第9章,第352—353页。可能因为版本不同,路易斯所引英文与中译文略有出入。

② 路易斯在此用moralist一词,有些调侃的味道。恰如在现代汉语中,"卫道士"成了贬义词;在现代英语里,moralist在公众心目中也有些贬义,即便没有汉语"卫道士"一词那么厉害。然而,"卫道士"一词绝非贬义。用路易斯的话来说,将清教徒或卫道士等词汇弄成贬义,是魔鬼派遣的语言学部队的劳动成果。而路易斯一生之志业,从某种意义上来讲,确实类似于中国古人之卫道。关于这一点,拙译路易斯《人之废》之译序《道与意识形态》,有专门论析。

重建中你应扮演何等角色。事实上,在接下来的十年里,各位都不大可能为欧洲之和平或繁荣做出直接贡献。你将忙于找工作,结婚,谋生。我打算做的事情,可能比你所期望的更老套。我打算提些忠告,打算做些警告。这些忠告或警告所针对的事情,一如既往,没人称为"当务之急"。

当然,人人皆知,我这类中年卫道士会拿什么警告后生。他会警告,提防世俗(the World)、肉身(the Flesh)及魔鬼(the Devil)。① 谈这三者之一,就已够今天应付了。我要将魔鬼彻底放在一边。在公众心目中,魔鬼与我之关联,如我所望,已深入人心;②在某些方面,这一关联,即便尚未完全等同,也已到了混淆的地步。我开始认识到古谚中的道理,跟恐怖主人一同进餐,需要一把长柄勺子。至于肉身,要是你懂的比我还少,那么你必定是个不大正常的年青人。然而关于世俗,我想,我有话要说。

方才所读托尔斯泰的那段文字里,年青准尉保理斯·

---

① 典出《公祷书》总祷文:"求主保佑我们不犯奸淫和别样的死罪,不被世俗所惑,不为私欲所迷,不受撒旦的引诱。"见主教鄂方智核准、在华北教区试用的《公祷书》(1937),第49页。

② 《魔鬼家书》(The Screwtape Letters,1942)之出版,使得路易斯成为家喻户晓的牛津学者。路易斯在此,戏说此事。

德路别兹考发现,在军队中存在着两套不同的体系或等级。一个印在红本本上,任何人都能轻松读懂,也始终一贯。将军一直高于旅长,旅长高于连长。另一体系则未见诸文字。它也不像组织严密的黑社会,只有在纳入你之后,才会告诉你规矩。从来不会有人正式或公开吸纳你。你几乎不知怎的逐渐发现它存在,你在它之外。后来,你或许发现,你在它之内。这与口令(passwords)有些相似,可口令则过于随机过于不正式。黑话、诨名、暗语就是明证。它却并非始终一贯。甚至在某一给定时刻,不好说谁在内谁在外。一些人显然在内,一些人显然在外,但总还有一些人,在门槛上。要是你六个礼拜之后重返分区司令部、旅部、团部或连队,你或许会发现这第二套体系已面目全非。这里并无正式之纳入或开除。人们自以为还在里头,而事实上已被排斥在外,或还未被纳入其内。这给那些真正在里头的人,提供了巨大乐趣。它并无固定名称。其唯一确凿的定律是,在内者与在外者对其称呼不同。先说说内部称呼。在简单情况下,只靠点名就可以定名;它可能会被称为"你、唐尼和我"。当它非常稳固,其成员相对固定,就自称为"我们"。当它不得不突然扩大以应对突发情况,它自称为"这地方所有明白人"。再说说外部称呼。要是你对打入内部感到绝望,你会称之为"那帮人"或"他们"或"某某之流"或"决策圈"或"核心圈"。倘若你候补加入,你可能不会用任何名称。跟其他在外者讨论它,会使你觉得,你将自己排除在它之外。跟里面人说话时,即便谈话顺利他就会帮助你加入里面,你提起它也是发疯。

我既然将它说得如此不堪,想必诸位都认出来,我说的东西是什么了吧。当然,你从未在俄国军队里呆过,甚至没在任何军队里呆过。可是,你曾碰到过"核心圈"现象。第一学期期末,你发现宿舍里有个圈。二年级快结束时,当你爬到接近它的某个位置,或许会发现,圈内还有个圈。这个圈内圈,又只是大学校圈的外沿。而跟学校圈相比,宿舍圈只是卫星站。学校圈甚至可能与校长圈一步之遥。事实上,你开始一层一层剥洋葱。而在你们大学,在这里——我假定就在此时,我们这个房间里有许多我看不见的圈子——相互分立的系统或各自为政的圈子,我不至于胡说吧?而且我可以向你保证,你在任何医院、律师公会、教区、学校、商场或大学呆久了,都会发现圈子——托尔斯泰所谓的第二套或不成文系统。

【§6—8. 打入圈内的愿望】

所有这一切都颇为明显。我在纳闷,你是否会说我接下来要说的也同样明显。我相信,所有人在某特定时段,许多人从婴幼到耄耋之年的一切时段,最具主导力量的因素之一就是,渴欲(desire)打入圈内,生怕留在圈外。这一渴欲的表现形式之一,在文学中已得到公正裁判。此表现形式就是势利(snobbery)。维多利亚小说充满了这类人物,他们为打入特定圈子的渴欲所困,这圈子就叫"社会"(Society)。切记,那一意义上的"社会",只是百十个圈子之一,因而,势利只是盼着进入圈子的表现形式之一。那些自信并不虚荣而且的确也不虚荣的人,带着优越感平静阅读讽刺势利的文学作品,却会被这一渴欲的另一种形式所吞噬。他们或许会强烈渴欲进入某些相当不同的圈子,这些圈子使得他们不再受上流生活之诱惑。对于因感到被排斥在某些艺术家小圈子或左翼小圈子之外而感到痛苦的那些人来说,收到公爵夫人的一封请柬,就是一种特别无用的安慰。穷人并不想要在金碧辉煌的宅邸里,喝着香槟酒,散布关于同僚及内阁大臣的流言蜚语;他想要的是,神圣的小阁楼或画室,头对头,烟雾缭绕,还有那种惬意的知识——我们,凑在火炉四周的三五人,才是懂行的人(the people who *know*)。这一渴欲往往把自己藏得很好,以至我们难以认出那丝自鸣得意。人不仅对妻子而且对自己说,呆在办公室或学校加班加点,是件苦差。之所以留他们做某些重要的附加工作,是因为只有他们和某某人及另外两个人,才是真正懂行的人。然而,这并非实情。当胖老头史密森把你拉到一旁,悄悄对你说,"你看,我们理应让你进入主考团"或"查尔斯和我都看好你,你理应在委员会里头"——这当然很是讨厌。很是讨厌……可是,要是你当时就被排除在外,那又会何等讨厌!失去你的周六下午,的确很累,也不利健康。可是,周六下午自由支配,就是因为你无足轻重,那会糟糕得多。

弗洛伊德无疑会说,整件事只不过是性冲动的一种包装。我则纳闷,事情并非总是这样改头换面。① 我纳闷,在性泛滥时代,许多人失去童贞,与其说是顺从性欲,不如说遵从登堂入室之诱惑。因为,当性泛滥成为风尚之时,贞洁当然就成了局外人。他们对别人都知道的某些事情,显得

---

① 原文是 The shoe is not sometimes on the other foot. 路易斯化用一句英语习语,否定弗洛伊德的观点。

无知,很是老土。至于吸烟喝酒这类小事,那些出于同样原因而沾染的人,恐怕不在少数。

【§8—10. 圈子现象无可非议,打入圈子的渴欲却是恶】

我在此必须作一澄清。我倒不是要说,圈内的存在是一种恶。它不可避免。人世间总有机密对谈,这非但不是坏事,而且(就其自身而言)是件好事,因为这样子才能在同事之间生发出个人友谊。任何组织的工作架构,都与其实际运作相符合,这或许没有可能。要是最聪慧最有活力之人一直占据最高位置,二者可能相符;由于往往并非如此,必然就有在高位之人其实是累赘,而在低位之人,其职位及资历使你以为他们无足轻重,其实却重要得多。在后一种情况下,这第二套不成文的系统就注定要生长起来。它是必然的,而且或许并不必然是恶。但是那急于加入圈子的渴欲,却是另一码事。某事在道德上可能是中性的,而对它的渴欲则可能是危险的。恰如拜伦所说:

承接遗产已是甘甜

某老妇人的猝逝则极甘甜

一位长辈亲属，提早几年无痛死去，并非一桩恶。但是作为她的继承人，热切渴欲着她死去，就不是正当感情了。即便是加速她辞世的最微不足道的企图，法律也不容许。圈内圈外现象，尽管当然算不上美事一桩，但在生活中无可避免，甚至无可非议；可是，我们打入圈子的心机，我们入则喜、出则忧的情绪反复，似乎就不是如此了。

在座各位已经妥协到什么地步，我没资格断定。我也不敢假定，为迎合那些在你看来更重要更神秘的人，你就先是看不起自己挚爱且很可能成为终生朋友的人，最后则把他们甩了。我更不可以问你，你踏入圈内之后，是否拿圈外人之孤单无助及卑微屈辱取乐；你是否当着圈外人的面，专门找圈内同伙说话，只是为了让圈外人眼热；在圈子考察你的那些日子，你用来讨好核心圈的那些手段，是否全都值得称赏。我只能问你一个问题——当然这只是"设问"（rhetorical question），并不要你回答。就你记忆所及，平生之中，想站在那条不可见的门槛的正确一边的那个渴欲促使你所说的话所做的事，是否有一桩，夜深人静之时扪心自问，你尚能心安理得。如果真是这样，那么，你就比绝大多数人来得幸运。

【§11—12. 我们都想走圈圈】

我前面说过,我打算提出忠告。既是忠告,就当瞻前,而非顾后。我之所以要你回顾,只是为了唤醒你,面对我所相信的人生真相(the real nature of human life)。我并不相信,经济动机(economic motive)及性爱动机(esoteric motive)①能够解释说明,我们这些卫道士所谓世俗之中所发生的一切。即便你再加上野心(Ambition),我想,画面依然并不完整。打入决策层的嗜欲、进入圈内的心机,具有多种形式,并非野心二字所能打发。毫无疑问,我们希望在挤入圈内之后,会有现成利益可图:权力、金钱、随便犯规、逃脱义务及避开惩戒。可是除此之外,要是没有感受到私密关系的那丝惬意(the delicious sense of secret intimacy),我们就不会心满意足。既然领导是老培西,是我们圈的自己人,我们就无需惧怕来自他的行政惩戒。这无疑有很大方便。可是,我们并非只是为了谋取方便而珍视亲密关系;恰恰相反,我们珍视这一方便,是因为它是亲密关系之证明。

我这篇演讲的主要目的是要各位相信,这种渴欲(de-

---

① 暗讽弗洛伊德主义用性爱动机(esoteric motive)解释一切。

sire)是人类行为的主动力之一,力量巨大而又持久。它是构成我们目前所知世界的因素之一——这一世界充斥着挣扎、争竞、混乱、贪贿、失望及自吹自擂。如果它就是持久的主动力之一,那么这种局面就在所难免。你若不采取措施制止这一渴欲,它就会成为你生活的主要动机之一,从你入职第一天起,一直到你老得顾不上它为止。这是很自然的事情——让生活自行其是,你的生活就是这样。要是生活有所不同,那都是有意识的持续努力之结果。要是你对它听之任之,随波逐流,你将事实上成为一个"走圈圈的人"(inner ringer)。我可没说,你走圈圈会成功;也许会成功吧。然而,无论你在一个永远不得其门而入的圈外凄凄惶惶(pining and moping),还是春风得意在圈内越走越深,或此或彼,总之你都会成为那种人。

【§13—15. 走圈圈乃通往地狱之坦途】

想必我已经相当清楚地告诉各位,最好不要成为那样一种人。不过,你或许在此问题上持有一颗开放心灵(open mind)。因此我要提出我之所以这样想的两点理由。

假定在座各位没有小人,这既礼貌,又宽厚,而且照各位的年纪,也在情理之中。另一方面,遵照平均律(the

mere law of averages)(我一点也没有否认自由意志),各位之中至少有那么两三位,死前会成为小人无赖。在这间屋子,狂妄、不忠、无情无义的利己主义者,将来定能凑出两个来。抉择就在各位面前。但愿你不会把我关于你未来人格的这番重话,当成我不尊重你当前人格的证据。我要预先告诉各位的是,各位十有八九会面临那种会让你成为卑鄙小人的抉择。这一抉择来临之时,并无多少戏剧色彩。显而易见的坏人、显而易见的威逼利诱,十拿九稳不会出现。一杯酒下肚,或一杯咖啡之后,伪装成一件琐事,夹杂在两个笑话中间,从你新结识且希望深交的男人或女人口中——就在你最不想显得粗鲁、幼稚或令人讨厌之际——就会来点暗示。所暗示的事,与公平竞争之规则出入甚大;公众,无知、浪漫的公众无法理解。这些事,即便是你自己行当里的圈外人也往往反对,而你的新朋友却说"我们一直在干"——听到"我们"二字,你尽力掩饰,不让自己兴奋得脸发红。你将被拉入圈内。要是你被拉进去了,也不是因为你贪图利益或享受,而只是因为就在即将打入圈内的那个当儿,你无法忍受又被重新打回那个冷冰冰的圈外世界。看到对方面孔——那副和蔼、信任、充满欢喜的面孔——突然间变得冷酷倨傲,明白自己接受圈内考验而被拒之门外,简直太可怕了。假如你被拉进去了,下一周,你就会离那些规则(rules)更远一些,明年会再远一些,这一切都在最愉快最友好的气氛中进行。你越陷越深,最终或许弄得身败名裂、丑闻连连,甚至坐牢服刑;但也可能身价百万、声名大噪,还能光宗耀祖。只是无论如何,你还是个卑鄙小人。

这是我的第一个理由。在所有激情(passion)之中,打入圈内的渴想,最擅长让一个不太坏的人,做出非常坏的事情。①

【§16—18. 走圈圈注定是竹篮打水】

我的第二个理由则是,达那俄斯的49位女儿在冥府里被罚用竹篮打水,②并非一桩罪之象征(symbol),而是一切罪

---

① 路易斯在《魔鬼家书》中藉大鬼之口说:"通往地狱的那条最安全的路其实并不陡峭——它坡度缓和,地面平坦,没有急转弯,没有里程碑,也没有路标。"(况志琼、李安琴译,华东师范大学出版社,2010,第47页)

② 原文为Danaids,典出希腊神话,指阿尔戈斯国王达那俄斯的49个女儿,汉译"达那伊得斯"。阿尔格斯国王达那俄斯有50个女儿,她们的50位堂兄弟,即国王兄长埃古普托斯的50个儿子,欲强娶她们为妻。婚礼之前,父亲达那俄斯给每位女儿一把匕首,吩咐她们新婚之夜将丈夫杀死。只有一位女儿,在新婚之夜动了怜悯之心,她不忍心用匕首将身边的这个充满活力的躯体,变成冰冷的尸体。拉丁诗人贺拉斯说,她令人赞叹地背信弃义。她唤醒了年青人,告诉了他一切,帮他逃走。这49个女儿则因弑夫罪接受惩罚,被迫在冥府做类似"竹篮打水"的工作。她们注定得在河边不停地用坛子打水。因为坛子有无数小孔,打来的(转下页注)

之象征。它正是非分渴欲(perverse desire)的标识。跨过那条不可见的界线,打入圈内的渴欲,就是这一法则之例证。只要你为此渴欲所左右,你永远得不到你想要的。你就像在努力剥洋葱;即便你成功了,剥到最后也什么都没有。你永远是个圈外人,除非你战胜怕成为圈外人的那丝恐惧。

细想一下,这一点肯定非常清楚。假如你出于某种健全理由(wholesome reason),想要加入某个圈子——比如说,你想要加入一个乐团,因为你喜爱音乐——那么,你可能会因加入而得到满足。你或许因此有机会演奏四重奏,或许还会乐哉悠哉(enjoy it)。可是,假如你想要的一切只是"见知于人"(to be in the know)①,快乐将是昙花一现。

(接上页注)水很快就漏光了。她们得回头再去打水,又再次眼睁睁地看着漏得滴水不留。(参依迪丝·汉密尔顿《神话》,刘一南译,华夏出版社,2014,第315—316页)为保持文意通畅,拙译将Danaids一词译为"达那俄斯的49个女儿",而未采用通用汉译"达那伊得斯";亦为了更符合汉语表述习惯,将用漏坛子打水这一典故,改为竹篮打水。

① 原文为to be in the know,字面义是消息灵通或成为知情人士。译为"见知于人",用的是《论语》里的典故:
"不患人之不己知,患不知人也。"(《学而第一》)"不患莫己知,患不知人也。"(《里仁第四》)"不患无位,患所以立。不患莫己知,求为可知也。"(《里仁第四》)"居则曰,不吾知也。如或知尔,则何以哉?"(《先进第十一》)"君子病无能焉,不病人之不己知也。"(《宪问第十四》)"不患人之不己知,患其不能也。"(《卫灵公第十五》)

圈子对圈外人的魅力，对圈内人是没有的。就在吸纳你进入圈内的当儿，圈子失去了它的魔力。那份新鲜感一旦消褪，圈子成员跟你的老朋友比起来，也就有趣不到哪里去。他们怎会成为这样？因为你所追逐的，并非美德、并非善心、忠诚、幽默、学问、机智或其他可被真正乐享（enjoyed）的东西。你仅仅想"打入"。这正是一种无法持久的快乐（pleasure）。就在新同好因习以为常而光华不再之时，你又会追逐另一个圈子。彩虹之末端，一直在你前头。老圈子如今成了一件包袱，拖累你打入新圈子。

你会发现打入新圈子，还是那么难，其原因你心知肚明。你自己一旦打入圈内，就要使后来者想加入不那么容易，就像那些已经进入圈内的人，把门槛对你设得很高一样。这自然而然。任何因善缘（good purpose）而结成的健全团体（wholesome group of people），其排他性在某种意义上只是偶然。三四个人，为某样工作结成团队，也会排他，因为这工作只要三四人，或者因为其他人实际干不了。你的小乐团有人数限制，因为聚会的那间屋子就那么大。可是，你的名副其实的核心圈，其存在就是为了排他。要是没有圈外人，那就没意思了。那条看不见的门槛，也会毫无意义，除非绝大多数人都处在门槛之外。排他性并非其偶性（accident）①，而是其本质（essence）。

【§19—20. 粉碎打入"圈内"之欲念】

除非你打碎对"核心圈"的汲汲之欲，否则它会令你心碎。而一旦你打碎了它，就会有惊喜之结果。假如你在工作时间，以工作为目的（end），你会当即发现自己置身圈内，那个就你的职业而言唯一要紧的圈子，虽然你浑然不觉。你会成为一个响当当的行家，其他响当当的行家也看得到。这一行家团队与核心圈或重要人物或知情人士，一点都不一样。它不会改变行规；也不会让整个行业与公众为敌，为增强行业影响力而处心积虑；更不像核心圈那样，隔段时间

---

① 尼古拉斯·布宁、余纪元编著《西方哲学英汉对照辞典》（人民出版社，2001）释"偶性"（accident）：

亚里士多德把偶性当成一个与本质相对应的专门术语使用，有三层主要的含义：(1)虽不成为事物的本质部分，却是该物固有的、不可分地连在一起的恒常特征。亚里士多德有时也用"特性"（希腊词：idia）一词来表达这层意思。(2)仅仅暂时性地属于主体，其增损并不影响主体保持同一的那些特征，相当于现今所说的"偶然特性"。与如果损失将会改变事物之同一性的"本质特征"相反；(3)第二位的范畴（即实体之外的范畴），是实体的偶性。在另一种意义上，它们也是本质性的，例如，白是苏格拉底的偶性，但在本质上是颜色。把这类偶性称为属性或特性更合适，虽然它们对特殊实体的同一依然无助。它们只能内居于实体，没有独立存在。（译按：路易斯此处用偶性一词，当指第二义）

就制造个丑闻或危机。可是,它却会做此行业为之而存在的那些事情,而且终究会赢得全部尊重,此行业事实上乐于享有的那种尊重,吹嘘工夫和广告造势都无法维系的那种尊重。又假如你在闲暇之际,只跟你喜欢的人厮混,你又会发现,你不知不觉地成为一个真正的圈内人,你安全又舒适地呆在某样东西的中心,这样东西在外人看来,正好像个核心圈。不过,不同之处在于,其私密性(secrecy)是偶然的,其排他性是个副产品,也没有人会因为其神秘兮兮(the lure of the esoteric)往里面钻,因为它只不过是四五个人聚集会面,做他们共同喜欢之事。这是友爱(Friendship)①。亚里士多德将其列于美德之中。或许可以说,尘世之幸福,有一半源于友爱;而走圈圈的人,则永远无法拥有友爱。

圣经告诉我们,求就会得着。② 这话没错,其没错之处我现在无法一一细说。不过在另外一种意义上,中小学生的原则"求就得不着",也有几分道理。在一个正步入成年

---

① 路易斯《四种爱》第四章,专论友爱。
② 《路加福音》十一章9—10节:"你们祈求,就给你们;寻找,就寻见;叩门,就给你们开门。因为凡祈求的,就得着;寻找的,就寻见;叩门的,就给他开门。"

的年青人眼里,这个世界上满是"圈内人",满是惹人眼馋的亲密关系或机密关系,他渴欲着打入其中。可是,一旦依循那份渴欲,他所抵达的"圈内",将没有一个值得抵达。真实的道路,恰好在另一个方向。这就像《爱丽丝镜中游》(*Alice Through the Looking Glass*)的那座房子。

七 和而不同[①]

(1945)

Membership

【译按】现代以来,个人主义和集体主义争抢政治或道德的制高点,相持不下。如何摆脱个人主义和集体主义这两个极端,亦成为现代思想的永久难题。路易斯曾说,"魔

[①] 本文原刊于 Sobornost 杂志第 31 卷(1945 年 6 月)。艾伦·雅各布斯《纳尼亚人:C. S. 路易斯的生活与想象》一书这样介绍本文:"是 1945 年 2 月路易斯向一群有志于在基督教的东方(东正教)和西方分支之间架设桥梁的基督教徒所作的讲演题目。该讲演稿也是他最深刻、最有智慧的作品之一。"(郑须弥译,华东师范大学出版社,第 253 页)本文原题为"membership",直译为汉语,当是"互为肢体"。观本文要旨,与中国古人念兹在兹的"和",气脉相通。兹藉《论语》中"君子和而不同,小人同而不和"之语,将标题"membership"意译为"和而不同",至于文中"membership"一词,则依基督教之惯例,译为"互为肢体"。

鬼总是将错误成对地打发到世界上来,……藉你格外不喜欢一种错误,来逐渐地将你引入相反的错误当中。"对于集体主义和个人主义之争,关键不是到底该拥抱哪个的问题,而是看到二者背后的那个魔鬼。

【§1—3. 私事论与集体主义时代】

没有基督徒,也没有历史学家能接受这一格言,它把宗教界定为"人幽居独处时所为之事"。①我记得,卫斯理家

---

① 原文是"What a man does with his solitude"。语出怀特海(Alfred North Whitehead, 1861—1947)的《宗教的形成》(*Religion in the Making*, 1926)。其第一讲"历史中的宗教"说:
宗教实为人幽居独处时所为之事(Religion is what the individual does with its own solitariness)。倘要臻于成熟,它的上帝观必经历三个阶段:从空无之上帝过渡到作为敌方之上帝,从作为敌方之上帝过渡到作为同伴之上帝。所以宗教,实在是人幽居独处时的经验。人无幽居独处之经验,则无宗教感可言。集体的宗教狂热,布道活动,种种宗教习俗,各种教会、仪式、圣典及行为准则,通通都是宗教的装饰,是它的不固定的外部形式。它们或则有用,或则有害;或则为权威者所制订,或则仅是权宜之计。而宗教之目的,则超越这一切。因此,宗教是个人品质之价值的萌生地。而价值,则可正可反,可好可坏,宗教非必然为善,而有可能邪恶之极。其邪恶,可与世界交织成一体,进而向世人昭示:事物之天性中尚存在可诱人堕落的因素。在你的宗教经验中,你所臣服之上帝有可能竟然是破坏之神,毁坏了大部分的现实,径自扬长而去。
故对于宗教,我们切不可妄念所惑,以为它必然为善。这实在是危险的妄念。(见周邦宪中译本《宗教的形成》修订版,译林出版社,2012,第6—7页)

族①曾有人说,《新约》对幽居静修(solitary religion)一无所知。我们切勿忽视,我们已结为一体。在其最早的文献记载中,基督教就已经是体制化(institutional)的了。教会是基督的新娘。我们互为肢体(members)。②

在我们自己的时代,宗教系我们私人生活这一观念——事实上也即个人闲暇时光之消磨——既悖谬,又危

---

① 何可人、汪咏梅译《从岁首到年终:路易斯经典选粹》(华东师范大学出版社,2006)注32:"卫斯理家族中包括四位杰出人物。约翰·卫斯理,英国卫理公会的创始者;其弟查尔斯·卫斯理,卫理公会早期的重要活动家之一,曾创作大量的赞美诗;萨缪尔·卫斯理和萨缪尔·塞巴斯蒂安·卫斯理,查尔斯之子、孙;二人均为作曲家和管风琴家。"

② 典出《哥林多前书》十二章12—27节:

就如身子是一个,却有许多肢体;而且肢体虽多,仍是一个身子。基督也是这样。我们不拘是犹太人,是希腊人,是为奴的,是自主的,都从一位圣灵受洗,成了一个身体,饮于一位圣灵。身子原不是一个肢体,乃是许多肢体。设若脚说:"我不是手,所以不属乎身子;"它不能因此就不属乎身子。设若耳说:"我不是眼,所以不属乎身子;"它也不能因此就不属乎身子。若全身是眼,从哪里来听声呢?若全身是耳,从哪里闻味呢?但如今神随自己的意思把肢体俱各安排在身上了。若都是一个肢体,身子在哪里呢?但如今肢体是多的,身子却是一个。眼不能对手说:"我用不着你;"头也不能对脚说:"我用不着你。"不但如此,身上肢体,人以为软弱的,更是不可少的。身上肢体,我们看为不体面的,越发给它加上体面;不俊美的,越发得着俊美。我们俊美的肢体,自然用不着装饰;但神配搭这身子,把加倍的体面给那有缺欠的肢体,免得身上分门别类,总要肢体彼此相顾。若一个肢体受苦,所有的肢体就一同受苦;若一个肢体得荣耀,所有的肢体就一同快乐。你们就是基督的身子,并且各自作肢体。

险,又自然而然。① 说其悖谬,乃因为在宗教领域大肆推举个人,恰逢集体主义在其余一切领域完胜个人主义的时代。② 即便在大学,也会看到这一点。我初入牛津之时,③典型的大学生社团由十来个人组成,他们彼此熟知,在一间小屋里听一位成员宣读论文,切磋问题直至凌晨一两点。而在战争前夕,典型的大学生社团则是,一两百个杂七杂八的学生听众,集中在礼堂,听某位到访名流之讲座。现代大学生不参加此类社团,已是罕见。即便在此罕见情况下,他也很少独自散步或两人结伴散步,而对上一代人来说,这则能感发志意(build the minds)。他生活在群众(crowd)之中;合群(caucus)已代替友爱。这一趋势不仅存在于大学

---

① 西蒙娜·薇依在《扎根:人类责任宣言绪论》里说:"人们已经宣布,宗教是一种私人事务。按照当今的精神习性,这并不意味着宗教居住于灵魂的秘密之中,在某个深深隐藏的地点,甚至每个人的良知都不能穿透。而只是说,宗教是种选择、意见、趣味、近乎奇思的事务。变成这种私人事务之后,宗教就丧失了属于公共事务的义务特征,于是它就不再有获得人们忠诚的无可争辩的资格。……降格为私人事务的宗教,就变成了在星期日去度过一两个小时时间的地点选择。"(徐卫翔译,三联书店,2003,第107—108页)

② 在1940年代,背景各不相同的作家和知识分子,纷纷表示警惕集体主义。其集大成之作就是乔治·奥威尔之小说《1984》。

③ 即第一次世界大战晚期。1919年1月,路易斯开始在牛津大学学习。他不久就加入了一个名为"The Martlets"的文学和辩论社团。路易斯在此心中所想的就是这种社团。

内外，而且常常得到嘉许。有那么一群大忙人，自告奋勇地主办各种盛会，终生致力于在孤独一息尚存之处，消灭孤独。他们称之为"让青年步出自我藩篱"，或"唤醒青年"或"克服青年的冷漠"。要是奥古斯丁、沃恩①、特拉赫恩②或华兹华斯生在现代世界，青年组织的领袖早就治好他们的孤独病了；真正的美好家庭，如《奥德赛》中的阿拉基努斯与阿瑞忒（Arete）家，《战争与和平》中的罗斯托夫家族，或夏洛特·M·杨格③笔下的任一家庭，要是今天还有的话，那么，它定会被贬斥为布尔乔亚，拆除机器会将其夷平。即便在规划家（planner）④无能为力之处，还有人遗世独立，无

---

① 亨利·沃恩（Henry Vaughan，1622—1695），英国诗人，神秘主义者，医生。华兹华斯可能深受其影响。（参《不列颠百科全书》第17卷452页）

② 托马斯·特拉赫恩（Thomas Traherne，1637—1674），英国神秘的散文作家、诗人及神学家。其著作《一百沉思》（*Centuries of Meditations*），直至1908年才付梓出版。书名中的 century 一词，并非世纪之意，而是100之意。

③ 夏洛特·玛丽·杨格（Charlotte Mary Yonge，1823—1901，亦译"容琪"、"荣格"、"央"），英国女作家，曾出版约160部作品，多为小说。她终身未婚，一生将作家才能献给宗教事业。其作品帮助扩大了牛津运动的影响，该运动谋求使英国国教恢复17世纪末的高教会派的理想。代表作有《雷德克里夫的继承人》（*The Heir of Redclyffe*）、《三色堇》（*Heartsease*）和《雏菊花环》（*The Daisy Chain*）。（参《不列颠百科全书》第18卷423页）

④ 规划家（planner）是指那些根据现代科学成就，为人类规划未来的人。路易斯的《空间三部曲》里的科学狂人韦斯特，即是此类人物。路易斯对规划家之批驳，亦可参见拙译《人之废》第三章。

线电也已经照料此事,保证他——并非西庇阿(Scipio)那种意义上的——独处之时不像独处。① 我们生活的世界,孤独(solitude)、清静(silence)及私己(privacy)濒临饿死,连带着濒临饿死的还有冥思(meditation)和真正的友爱。

在这样一个时代,说宗教应交给幽居独处(solitude),就显得悖谬。这也很危险,原因有二。首先,现代世界对我们大声说"当你独处之时,你才有可能虔敬(religious)",接着它又悄声说"我会留意让你永不孤单"。变基督信仰为私事,同时又清除全部私己(privacy),就是把它移交给海市蜃楼(the rainbow's end)或遥遥无期(the Greek calends)。这正是敌人的策略之一。其二,还有个危险,那些知道基督信仰并非私事的真正基督徒,或许会矫枉过正,会把已经占领我们世俗生活的集体主义简单引进我们的属灵生活。这是

---

① 典出西塞罗(Cicero,公元前106—前43)《论义务》卷三第1章。西塞罗说,罗马政治家卡托(Cato)这样说 Scipio(通译西庇阿,王焕生译为斯基皮奥):"他从没有像真正地度过闲暇那样度过闲暇,也从没有像真正地独处那样独处过。"西塞罗解释此语说:"话语确实宏伟,与一个伟大而睿智的人物相称;这表明,他通常在闲暇时也在思考公务,在独处时也在自我商讨问题,以至于他从来就没有空闲过,也从来就没有缺少与人交谈。就这样,两种情况,即闲暇和独处,常常使其他人变懒散,然而却使他更奋勉。"(王焕生译,中国政法大学出版社,1999,第249页)

敌人的另一策略。① 恰如一个好棋手,他常常诱使你舍车保帅。为了躲开这一圈套,我们必须坚持,关于基督信仰,尽管私事论是个错误,却根本上是一种自然而然的理解,是卫护伟大真理的笨拙尝试。在其背后,显然是这样的感受:我们现代的集体主义是对人性之践踏,要免于此恶,恰如要免于诸恶,上帝将是我们的盾牌。

【§4. 集体乃必要之恶】

这一感受乃属正当。恰如切己的私人生活(personal and private life)低于参与到基督身体(participation in the Body of Christ),集体生活(collective life)低于切己的私人生活。除了服役期之外,集体生活毫无价值。世俗团体,由于其存在只为我们的自然之善(natural good)而非为我们的超自然之善(supernatural good),故而在促成并保护家庭、友爱及独处之外,别无更高归宿(end)。约翰逊说,天伦

---

① 路易斯《返璞归真》卷四第 6 章:"魔鬼总是将错误成对地打发到世界上来,总是怂恿我们花很多时间来考虑哪种错误更甚。你肯定看出了其中奥秘,是不是?他藉你格外不喜欢一种错误,来逐渐地将你引入相反的错误当中。千万不要受骗上当。我们必须定睛自己的目标,从这两种错误中笔直地穿行过去,这才是我们唯一重要的。"(汪咏梅译,华东师范大学出版社,2007,第 182 页)

之乐乃全部属人努力之归宿(end)。① 只要我们仅思考自然价值(natural value)，我们就必须说，跟这些情景相比——一家人饭桌上欢声笑语、两个朋友喝着啤酒谈笑风生或一个人独自阅读一本他感兴趣的书——太阳底下还没有事物有其一半的好；经济、政治、法律、军队以及机构，所有这一切，除了延长并扩充这类场景之外，都只是在耕耘沙漠播种海洋而已，都只是毫无意义的虚荣及精神膨胀。集体活动当然是必需，但只是因此目的方属必需。那些有此个人幸福的人，为了让它散布更广，或许有必要付出极大牺牲。为了无人饿毙，所有人都必须略微受饿。可是，我们切莫误认必要之恶(necessary evils)为善(good)。很容易犯这一错误。要是想运送水果，就必须听装，因而也就必须遗失水果的某些好品质。然而总会碰到这样一些人，他们变得喜欢水果罐头，更甚于新鲜水果。一个病态社会必须多多思考政治，恰如一个病人必须多多考虑他的消化；对于二

---

① 典出塞缪尔·约翰逊(Samuel Johnson)自编周刊《漫步者》(*The Rambler*)第68期(1750年11月10日)。约翰逊之原文是："To be happy at home is the ultimate result of all ambition, the end to which every enterprise and labour tends, and of which every desire prompts the prosecution."

者来说,无视这一论题,或许都是致命怯懦。然而,无论哪一个,假如都最终把它视为心灵的自然食粮——无论哪一个,要是忘记了我们思考此等事情,只是为了能够思考其他事情——那么,为健康所从事的事情本身,就成了一种新的致死疾病。

事实上,一切人类活动中,都有一种致命趋势:手段(means)会侵蚀它们为之服务的那个目的(ends)。于是乎,金钱最终阻碍商品交换,艺术法则戕害天才,考试阻止青年成为饱学之士。不幸的是,接下来通常还舍弃不掉这些侵蚀目的的手段。我想,我们生活中的集体主义是必需,而且将会有增无减。我也想,我们防备这一致死特征的唯一安全阀,就在一种基督徒生活(a Christian life)之中;因为我们得到应许,我们"手能拿蛇,若喝了什么毒物,也必不受害"。① 这就是我们一开始提到的宗教的错误定义背后的真理。这一定义的错误之处在于,让集体大众与独处两相

---

① 《马可福音》十六章16—18节:"信而受洗的人必然得救,不信的必被定罪。信的人必有神迹随着他们,就是:奉我的名赶鬼,说新方言,手能拿蛇;若喝了什么毒物,也必不受害;手按病人,病人就必好了。"路易斯此处是间接引用,为保持汉语文意通畅,拙译改为直接引用。

对立非此即彼。基督徒并非蒙召走向个人主义,而是在基督奥体内互为肢体(to membership in the mystical body)。因而,要理解基督信仰既未沦为个人主义却又与集体主义对立,其第一步就是考虑世俗集体与基督奥体(the mystical body)之不同。

【§6—9. 集体与互为肢体】

一开始,我们就遇到了语言障碍。"互为肢体"(membership)一词源于基督教,可是它被俗世采纳,原有涵义荡然无存。随便一本逻辑书,你都会看到"某一类的成员"(members of a class)这一表述。一个同质的类(homogeneous class)所包含的"项"(items)或"件"(particulars),与圣保罗用希腊语 *members*(肢体)一词的意思几乎相反,这一点再强调也不过分。他用 *members*(肢体)一词所说的东西,我们应当叫作"器官"(organs),就是本质相异且互补的那些事物,不仅结构和功能不同,亦有尊卑之别。于是,在一个俱乐部里,委员会整体与服务员整体都可以恰当地认作"肢体"(members);而我们所谓的俱乐部成员,则只是单元(units)。统一着装统一受训的一排排士兵,或选区选举人名册上的一个个公民,并非保罗意义上的 members(肢体)。我担心,当我们形容某人是"教会一员"(a member of the Church)时,我们所说的通常与保罗无干。我们只是在说,他是个单元——他与甲乙丙一样,只是某类事物的又一个样本。在一个身子里互为肢体(true membership in a body),如何不同于加入集体(inclusion in a collective),也许可以从家庭结构见出。祖父、双亲、已成年的儿子、小孩、狗和猫,之所以都是(器官意义上的)家人(true members),正是因为他们并非某一同质阶层的成员或单元。他们不可互换。每个人几乎都自成一类。相对于女儿,母亲不只是另一个人,而且是另一种人。已成年的兄长不只是孩子这一个类中的一个单元,而且是个独有名分(a separate estate of the realm)。父亲与祖父之别,几乎与猫狗之异相当。若少了任何一个家人,就不只削减了家庭人数,而且破坏了家庭结构。家庭是个统一体,是相异成员的统一,甚至是不可通约者的统一。

我们之所以乐享《柳林风声》①这类著作,其原因之一就是,我们模模糊糊感知到这类统一体(unity)之和而不同

---

① 英国著名儿童文学作家格雷厄姆(Kenneth Grahame, 1859—1932)之代表作。安徽人民出版社 2013 年出版中译本,译者杨静远。

(richness)。河鼠、鼹鼠及獾这类三人组合,正象征了一个和谐团体里人格之极端分化。我们凭直觉就知道,这种和谐团体才是我们免于孤独(solitude)或集体(collective)的真正避难所。迪克·斯维勒与"侯爵夫人"①,或匹克威克先生与山姆·维勒这类奇特搭档②,其魅力也在于此。正因为此,孩子直呼父母之名这一现代观念,颇为乖张。③ 因为,这无视构成真正的有机统一的种类上的不同(difference in kind)。他们企图给孩子灌输这一悖理观点,说母亲与其他人一样只是个公民,使得孩子对尽人皆知的东西茫然无知,对人都能感受到的东西浑然不觉。他们企图把集体的千人

---

① 迪克·斯维勒(Dick Swiveller)与"侯爵夫人"(the Marchioness),狄更斯小说《老古玩店》(*The Old Curiosity Shop*,1841)中的人物。"侯爵夫人"乃迪克·斯维勒之女仆。

② 狄更斯小说《匹克威克外传》(*The Pickwick Papers*,1837)中的人物。山姆·维勒(Sam Weller)是主人公匹克威克的仆人。

③ 路易斯对这类现代家庭之厌烦,《纳尼亚传奇·黎明踏浪号》之开篇介绍尤斯塔斯的那段文字,便表现得淋漓尽致:

我不知道他朋友怎么跟他说话,因为他一个朋友也没有。他对自己父母不叫"父亲"和"母亲",却管他们叫哈罗德和艾贝塔。他们都是非常新潮和先进的人。他们不吃荤腥,不抽烟,滴酒不沾,穿一种特别的内衣裤。他们家里没几样家具,床上也没多少被褥,而且窗子老是敞开。

尤斯塔斯喜欢动物,尤其喜欢昆虫,喜欢死掉而且钉在厚纸板上的甲虫。他喜欢看书,喜欢看知识性的书,书里有插图,画着谷仓,或胖胖的外国孩子在模范学校里做体操。(陈良廷、刘文澜译,译林出版社,2005,第1页)

一面的重复引入家庭这一更丰满(fuller)更具体的世界。

囚犯只有号码,没有名字。集体观念诣其极,就是如此。一个住在自家屋子里的人,或许也会失去姓名,因为他被称作"父亲"。这却是互为肢体(membership in a body)。失去姓名的这两种情况,提醒我们,摆脱孤立之境,有两条相反道路。

受洗之时,基督徒蒙召归入的群体(society),并非一个"集体"(collective),而是一个"身子"(a Body)。事实上,关于这一身子,自然层面上的肖像(image on the natural level)就是家庭。要是有人把教会里的互为肢体(membership of the Church)误解为低鄙的现代意义上的成员资格(membership)——一群人聚在一起,就像一堆钱币或筹码那样——要是他带着这一理解来到教会,他在踏上门槛的那个当儿,就发觉自己错了。①因为他发现,这个身子的头,

---

① 路易斯《返璞归真》卷四第6章:"整个人类在某种意义上说是一个整体,像一棵树一样,是一个庞大的有机体。但是,这不等于说个体的差异不重要,或者,汤姆、纳比、凯特这些真实的人不及阶级、种族之类的集体重要。实际上这两种观念是彼此对立的。同一个有机体的各个部分可能大不相同,不同有机体之间可能非常相像。六个便士各自独立,非常相像;鼻子和肺却大不相同,它们之所以都活着,只是因为都是身体的一部分,分享着共同的生命。基督教不把个体的人视为仅仅是(转下页注)

与有缺欠的肢体(the inferior members)很不相同①,除非藉助类比,否则毫无共同之处。我们从一开始就受呼召,以受造物的身份与我们的造物主相连,以必朽之躯与不朽的神相连,以被赎的罪人与无罪的救赎者相连。神的同在,祂与我们之间的交流(interaction),必须永远是我们在教会这"身子"中生活的主导因素,胜过其他一切;任何有关基督徒间彼此团契的观念,若不以与祂的团契为前提,就根本不值一顾。此后,再上下求索与圣灵联合途径之歧异,仿佛就无关紧要了。可是,歧异在那儿明摆着。牧师与平信徒有别,慕道友与那些资深信徒(who are in full fellowship)不同。丈夫对

(接上页注)一个群体的成员,或一张单子上的一个项目,而是视为一个身体内的各个器官——互不相同,各司其职。当你发现自己想把自己的孩子、学生,甚至邻居变成和自己一模一样时,请记住,上帝可能从未有这种打算。你和他们是不同的器官,上帝要你们尽不同的职责。另一方面,当别人遇到困难,你因'事不关己',便想'高高挂起'时,请记住,他虽然与你不同,但和你同属一个有机体。忘记了他和你同属一个有机体,你就会变成一个个人主义者;忘记了他和你是不同的器官,想要压制差别,使众人都相同,你就会变成一个极权主义者。基督徒既不应该做极权主义者,也不应该做个人主义者。"(汪咏梅译,华东师范大学出版社,2007,第181页)

① "有缺欠的肢体"(the inferior members)一语,出自《哥林多前书》十二章24—25节:"我们俊美的肢体(our more respectable members),自然用不着装饰;但神搭配这身子,把加倍的体面给那有缺欠的肢体(the inferior members),免得身上分门别类,总要肢体彼此相顾。"

妻子、父母对儿女有权威。其中有一种持续不断的相互服侍,只不过其形式太过微妙,难于条陈。我们一直都既在教人又在学习,既在宽恕别人又为人宽恕,为人代求时我们向人展现基督,有人为我们代求时我们又向基督代表人。每日要求我们牺牲私密(the sacrifice of selfish privacy),每天都在这个身子的生命所鼓励的真正的个性成长之中,得到了百倍之回报。互为肢体的人,相互之歧异,有如耳之于手。这就解释了,世俗之徒为何千人一面,而圣徒则姿态万千。顺服乃自由之路,谦卑乃喜乐之路,合一乃个性之路。①

【§10. 政治平等与属灵不平等】

现在,我必须说一些在你看来或许是悖谬之论的东西了。各位常常听说,尽管在俗世,我们地位不同,但是在上帝眼中,我们都是平等的。在某些意义上,这当然是真理。上帝并不看人戴帽;祂爱我们,并不以我们的社会地位或才能为尺度。不过我相信,在某种意义上,这一准则(maxim)恰是真理之反面。我斗胆说,人为之平等(artificial equali-

---

① 路易斯之警语,截断众流。此语即是如此。为方便读者诸君玩味,兹附原文如右:"Obedience is the road to freedom, humility is the road to pleasure, unity is the road to personality."

ty)在国家生活中实属必要,但在教会生活中,剥去这一伪装,恢复我们真实的不平等,我们因此会焕然一新(refreshed),恢复活力(quickened)。

我信政治平等。但是,做个民主派,则有两个相反的理由。你可能认为,人人都如此良善,故而联邦治理他们有份;都如此聪慧,因而联邦需要他们参政议政。在我看来,这一民主理论浪漫而又虚假。另一方面,你或许相信,堕落之后的人如此邪恶,故而,不可将凌驾于同胞之上的不受约制的权力委托给任何人。

我相信,这才是民主政治的真正根据。我并不相信上帝创造了一个平等的世界。我相信,父母对子女、丈夫对妻子、鸿儒对白丁之权威,恰如人对禽兽之权威,是上帝最初计划的一部分。我相信,要是人类未曾堕落,菲尔默(Filmer)①就是对的,父权式君主制(patriarchal monarchy)就是唯一合法政体。可是,既然我们已经得知罪,我们就会发

---

① 菲尔默(Sir Robert Filmer,约 1588—1653),英国政治理论家。其主要著作《族长》(*Patriarcha*,1680),"大概是君权神授理论至今为止最有系统的英文阐述"。(约翰·麦克里兰《西方政治思想史》上册,彭淮栋译,人民出版社,2010,第 280 页)

现,恰如阿克顿勋爵所说,"权力导致腐败,绝对权力导致绝对腐败。"①唯一的补救措施就是,拿走这些绝对权力,代之以法律规定的平等。在法律层面,合理废除父亲与丈夫之权威,并非因为这一权威本身不好(相反,我认为它有神圣起源),而是因为父亲与丈夫不好。合理废除神权政治(theocracy),并非因为饱学之教士治理无知之平信徒是桩坏事,而是因为教士和我们其余人一样,也是戴罪之身。即便是人对动物的权威,也应得到干预,因为它常被滥用。

在我看来,平等就像衣物。它是堕落(the Fall)的结果之一,是对堕落之补救。追溯我们如何一步步来到平等主义(egalitarianism),并进而在政治层面重新引入古老权威,任何这类企图之愚蠢,在我看来,与我们抛却衣物毫无二致。

---

① 原文为"all power corrupts, and absolute power corrupts absolutely."语出阿克顿《自由与传统》:

主张绝对权力的理由是:在某些地方你总得需要绝对权力来为自己增强信心、撑腰打气嘛,因为你无法避免人性的软弱给你造成的困难啊!但是,我们的主张是:把绝对权力放到责任的集中营里吧!

权力导致腐败,绝对权力导致绝对腐败。伟大人物也几乎总是一些坏人,甚至当他们施加普通影响而不是行驶权威时也是如此;而当你以自己的行为增强上述趋势或由权威导致的腐败真的出现时,情形更是如此。

绝对权力败坏社会道德。(侯建、范亚峰译,译林出版社,2011,第294页)

纳粹和裸体主义者①,犯的是同一错误。可是,就在我们每个人的衣物之下,赤裸身体还在,那才是活的。隐藏在平等公民权这一外表之后那个依然活着的尊卑有等的世界,才是我们真正关心的。②

【§14—15. 平等是药不是粮】

请不要误解我的意思。我丝毫无意贬低这一平等构想(egalitarian fiction)之价值,因为它是我们防范彼此相残的唯一手段。我强烈反对任何关于废除成年男子选举权或"已婚

---

① 裸体主义(nudism,又译天体主义),以健康、舒适以至天性为名,不穿衣服便外出的一种行为方式。常是一种男女都参加的社交活动,届时两性自由接触,但不从事性活动。裸体主义20世纪初诞生于德国,第一次世界大战后传遍欧洲,30年代传入北美。实行裸体主义的成员都是成人,其心理都是健康的。但是,裸体主义对儿童的影响,则是心理学上聚讼纷纭的一个课题。(参《不列颠百科全书》第12卷272页)

② 关于"属灵的不平等"会成全民主政治,详参路易斯的《论平等》(Equality)和《论民主教育》二文,文见拙译《切今之事》。如《论平等》一文中说:"我并不认为平等属于诸如智慧(wisdom)或幸福(happiness)之类事物,它们自在又自为地就是善。我认为,它跟药石同属一类。药石之所以是善,是因为我们不再纯真(innocent)。我并不认为,古时国王、教士、丈夫或父亲之权威,古时臣民、平教徒、妻子及儿子之顺从,本身就降低人格或邪恶。我想,它就像亚当夏娃之赤身露体一样,内在地(intrinsically)善,内在地美。它之所以被取缔,是因为人变坏,从而滥用它。现在试图重新恢复它,所犯错误与裸体主义者毫无二致,医治这一堕落(the Fall),防止弱肉强食,法律及经济平等是绝对必须的一剂良药。"(拙译《切今之事》,华东师范大学出版社,第12—13页)

妇女权利法案"的提议。可是,平等之功用是纯防护性的(protective)。它是药,不是粮。视所有人为同类(毅然不顾看得见的事实),我们避免了无数罪恶。虽如此,我们并非为此而生。说所有人都有同等价值,是无稽之谈。要是价值一词取其世俗义——要是我们的意思是说,所有人都同样有用、同样美、同样良善或同样好玩——那么这就是胡说八道。要是这话的意思是说,所有人作为永生之灵魂,有同等价值,那么我想,它隐藏着一个危险的错误。每一人类灵魂之无限价值,并非基督教教义。上帝为人而死,并非因为祂感知到人身上的某些价值。舍却跟上帝之关系,每一人类灵魂都是零价值。恰如圣保罗所说,为有价值之人而死,并非神性(divine),只是英勇(heroic);而上帝为罪人而死。① 祂爱我们,并非因为我们可爱,而是因为祂就是爱。祂或许平等地爱——祂当然至死都爱所有人——我拿不准这一表述到底何意。要是其中有平等,那平等也在祂的爱中,不在我们身上。

平等是一个数量方面的词汇(a quantitative term),因

---

① 《罗马书》五章 7—8 节:"为义人死,是少有的;为仁人死,或者有敢作的。惟有基督在我们还作罪人的时候为我们死,神的爱就在此向我们显明了。"

而，爱对它通常一无所知。以谦卑行使权柄，用喜乐领受服从，是我们的心灵所依循的路线。即便在情感生活中，更不用说在基督的身体（the Body of Christ）中①，我们已经步出那个声称"我跟你一样棒"的世界。② 这就像由行军（march）变为舞蹈（dance）。就像抛却衣物之负累。我们恰如切斯特顿所说，鞠躬时更加伟岸；指手画脚时越加猥琐。③ 在我自

---

① 基督的身体通常指教会。
② 路易斯严"民主政治"与"民主主义"之分界。他指出，"民主"（democracy）一词，严格说来只是指一种政治制度，或更严格地说只是指选举制度。魔鬼引诱现代人的一个策略就是，让"民主"成为一种口号或口头禅，成为民主主义或民主精神。民主主义大行其道的世界，许多人都会以 I'm as good as you 做精神支柱。况志琼、李安琴译《魔鬼家书》将此习语，译为"我跟你一样棒"，拙译从之。关于这一流行语之悖谬，路易斯说：

圣伯纳德绝不会对玩具狗说，"我跟你一样棒"（I'm as good as you）；拿奖学金的学生绝不会对低能儿说，"我跟你一样棒"；可用之才绝对不会对无业游民说，"我跟你一样棒"；漂亮美女绝不会对丑女人说，"我跟你一样棒"。除了严格意义上的政治领域外，只有在某种程度上自惭不如别人的人，才会要求平等。确切地说，这句话正好表现了有病的人的自卑感，自卑感弄得他痒痒，刺得他心疼、揪住他的心，可他仍拒不承认。（况志琼、李安琴译《魔鬼家书》，华东师范大学出版社，2010，第137页）

③ 语出英国作家切斯特顿（G. K. Chesterton, 1874—1936）的《永在的人》（*Everlasting Man*, 1925）第一部分第5章倒数第四段。该书尚无中译本，兹抄录原文如右，不加妄译，但愿无偷懒之嫌："The posture of the idol might be stiff and strange; but the gesture of the worshipper was generous and beautiful. He not only felt freer when he bent; he actually felt taller when he bowed. Henceforth anything that took away the gesture of worship would stunt and even maim him for ever."

己的教会仪式中,令我心喜的是总有那么一些时刻,教士站立,我下跪。正当民主在外部世界变得愈发无孔不入,表达敬重的机会相继消失之时,教会提供给我们的这份再生活力(refreshment)、以洁净灵魂和勃勃生机重返不平等,就变得愈加必要。

【§16. 肢体说超越个人主义和集体主义】

职是之故,基督徒生活从集体中捍卫独一无二之个性(single personality),并非藉孤立他,而是藉给予他在基督奥体(the mystical Body)中一个器官地位。恰如《启示录》所说,他"在神殿中作柱子";而且补充说,"他也必不再从那里出去"。① 这就给我们的论题提供了新的一面。最卑微的基督徒在教会所占位份(structural position)②,是永恒的(eternal),甚至浩瀚如宇宙(cosmic)。教会生命长于宇宙;教会中的个体生命,也长于宇宙。与那不朽的主宰(immortal head)联合的一切事物,都将分有祂的不朽。今天,

---

① 《启示录》三章12节:"得胜的,我要叫他在我神殿中作柱子,他也必不再从那里出去。"

② structural position 一词,直译应为"结构性地位"。虽意思不差,却意味全无。故而,藉中国古人"当位"、"应份"之语,译为"位份"。

我们极少从讲台上听到这样的信息。我们沉默的结果是什么,可由此事略见一斑:不久前,我在某军事基地针对这个主题发表演说,发现有一位听众认为上述道理就是"神智学"(theosophical)。① 如果我们不信这道理,干脆就诚实点,将基督信仰放在博物馆束之高阁算了;如果相信,就不应该再假装下去,仿佛它起不了任何作用。因为面对集体所提出的每一种过度的诉求,它恰好是真正的解答。集体必有一死,我们必将永生。终有一日,任何文化、任何体制、任何国家、整个人类以及所有生命都将灭绝,可是我们每一个人却依然存活。不朽是应许给我们的,不是应许给这些抽象组织(generalities)的。基督不是为了社会或国家而

---

① Theosophy,神智学,亦译"通神论"。卢龙光主编《基督教圣经与神学词典》(宗教文化出版社,2007)释 theosophy(神智学):"泛指任何神秘主义哲学与宗教学说,强调直觉和实时体验神意的思想,亦可特别指 1875 年在美国创立的神智学会(Theosophical Society)的信条。"尼古拉斯·布宁、余纪元编著《西方哲学英汉对照辞典》(人民出版社,2001)释 theosophy(神智学):"[源自希腊语 *theo*(神)和 *sophia*(智慧),意为关于神的智慧]这个术语被新柏拉图主义者第一次使用,用以指称他们自己的学说,即强调宗教和哲学的统一以及对神的本性的神秘相识。后来,这个术语用于指文艺复兴时期之后德国宗教思想中的几种倾向,尤其指瑞典自然哲学家 E.威斯登伯格的思想,它倾向于把自然世界和精神世界混合在一起,把理性主义宇宙论和圣经启示结合起来。这个术语也与'神智会'有关联,该会是由 H.布拉瓦茨基发起的一场运动,其宗旨是把东方宗教和形而上学引入西方思想中。"

死,而是为人而死。在这种意义上,基督教在世俗集体主义者看来,简直就是一种几近疯狂的个人主义。可是,未来会与基督一同胜过死亡的,不是个人主义的这种"个人"。只有在那位"得胜者"的里面,我们才能同享胜利。拒绝自然之我,或者用圣经里更严厉的语言来说,把自然之我钉上十字架,是通往永生的通行证。未经死亡,何来复活。① 基督教如何跨越个人主义与集体主义之对立,正在于此。在外人看来,我们的信仰中有着可恼的歧义。它对我们的自然的个人主义(natural individualism)不留情面;另一方面,它却给那些放弃个人主义的人,重加回报,让他们永远享有自身的个体生命(their own personal being),甚至永远享有自己的身体。作为生物性的实体,各逐其愿生长壮大,我们分明微不足道,草芥不如。可是作为基督身体里的器官(organs),作为庙宇之柱石,我们必享有永久的自我身份,并将见证宇宙万物的古老传奇。

---

① 《约翰福音》十二章 24—25 节:"我实实在在地告诉你们,一粒麦子不落在地里死了,仍旧是一粒。若是死了,就结出许多子粒来。爱惜自己生命的,就失丧生命;在这世上恨恶自己生命的,就要保守生命到永生。"

这一点，或许可以换个说法。个性（personality）永恒而不可侵犯。可话说回来，个性并非我们由之起步的已知条件（a datum）。我们由之出发的个人主义，只是个性之拙劣模仿（parody）或影子（shadow）。真正的个性在前方——对我们绝大多数人来说，究竟还有多远，我不敢断言。而且钥匙并不在我们手中。个性不可能从内心向外发展出来。在永恒天地之结构（the structure of the eternal cosmos）中，给我们设计或发明了位置。当我们站在这些位置上，个性就会临到我们头上。一种色彩，由杰出艺术家置于预定位置上，处于其他某些色彩之间，才会首次展露其真正品质。一种香料，按照大厨意愿，在适宜地方和时机加在其他佐料中间，才会展露其真正香味。一只犬，只有在人的家居生活中适得其所之时，才真正像只犬。同理，只有当我们克己，以当自己之位（to be fitted into our places）①，我们才首度成为真正的人。我们是有待雕琢的璞玉，有待规模的金属。毫无疑问，

---

① 将 to be fitted into our places 译为"当位"，依据的是易经之说法。易经中的爻位，由下而上，分别名为初、二、三、四、五、上。其中初三五为奇，属阳位；二四六为偶，属阴位。64卦384爻，凡阳爻居阳位，阴爻居阴位，均为"当位"；反之，则为不当位。

即便在未得重生之我（unregenerate self）里，也已有些模糊迹象，暗示为我们每个人设计的是什么样的模子（mould），我们将会成为何种柱石。① 然而我想，通常将灵魂的得救，形容为"从种子到开花"的进展，是相当粗疏的夸张说法。"悔改"（repentance）、"重生"（regeneration）及"新人"，这些字眼意味着极为不同的东西。每一个血气之躯（natural man）身上的某些倾向，或许不得不索性拒斥。我们的主说，要剜眼砍手②——这简直就是削足适履的强盗行径。③

【§18—19. 君子思不出其位】

我们今日之所以畏避这个，是因为我们一开始就颠倒

---

① 路易斯《返璞归真》卷四第9章："问题不是我们希望自己变成什么，而是上帝造我们时，祂希望我们变成什么。祂是发明者，我们只是机器，他是画家，我们只是图画……"（汪咏梅译，华东师范大学出版社，2007，第198页）

② 《马太福音》五章27—30节："你们听见有话说，'不可奸淫。'只是我告诉你们：凡看见妇女就动淫念的，这人心里已经与她犯奸淫了。若是你的右眼叫你跌倒，就剜出来丢掉，宁可失去百体中的一体，不叫全身丢在地狱里；若是右手叫你跌倒，就砍下来丢掉，宁可失去百体中的一体，不叫全身下入地狱。"

③ 原文为 a frankly Procrustean method of a adaptation，直译应为"简直就是普罗克汝斯忒斯的适应法"。路易斯此语，典出希腊神话。普罗克汝斯忒斯（Procrustes），希腊神话中海神波塞冬的儿子，是个专门劫持旅人的巨人。每次劫持旅人，就强迫旅客躺在他设计的一张床上，长者截短，短者拉长，以与床身相当。英文习语 Procrustean bed，通常汉译为"削足适履"，拙译从之。

了整个图景。从每一个体都有"无限价值"这一教义出发，我们于是就把上帝描绘为某种职业委员会（employment committee），其职责是为灵魂寻找合适事业，为方钉找方孔。然而事实上，个体之价值并不在自身。他能够领受价值。藉与基督联合，他领受价值。没有这样的问题，即，为人在现存庙宇（living temple）中找个位置，从而公平对待他的内在价值，发挥他的天赋（natural idiosyncrasy）。位置先在那里。人为位置被造。除非他在此位，否则他就不是自己。只有在天堂，我们才是真正的、不朽的、确有神性的人。恰如我们眼下只有在光照中，才是有色彩的形体。

以上所述，只是重复每个人都已经承认的事实——只有上帝的荣耀才能拯救我们，善物（good thing）并未栖息于我们的肉身之中，我们并非造物主而是彻头彻尾的被造，我们是派生的，并非圆满自足而是源于基督。要是我好像把简单事情搞复杂了，敬请原谅。我只是想告诉各位两点。我力图驱逐非基督教的个体崇拜。在现代思想中，个体崇拜与集体主义二分天下，两个错误相辅相成。它们非但没有抵消，反而互长气焰。我指的是这一有害观念（在文学批评中你会看到），即，我们生来就有一种叫做"个性"的宝藏封锁于内,生活的主要目的就是,扩展并表现它,保护它不受干扰,"本真"(original)地活着。这是伯拉纠主义(Pelagian)①,或更等而下之。它甚至自拆墙根。斤斤于"本真"者,永远不会本真。看到真相就讲真话,工作一丝不苟,人们所谓的"本真"就会不期然而然地来临。即便在这个层次上,个体服从功能(function),已经就是真正人格之诞生。

其二,我想要表明,究其实,基督教既不关心个体(the individual),也不关心群体(the community)。流行思想所理解的个体或群体,都无法得到永生。得到永生的不是自然之我(the natural self),也非集体人群(the collective mass),而是一个新的被造(a new creature)。

---

① 卢龙光主编《基督教圣经与神学词典》(宗教文化出版社,2007)"Pelagianism(伯拉纠主义,或贝拉基主义)"词条:"公元4至5世纪神学家伯拉纠(Pelagius)的跟随者持守的思想。伯拉纠认为,人的本性有能力选择善恶,没有从亚当继承而来的原罪。他主张人得救不是靠神主权的恩典,乃是凭自己的自由意志,并不是因先于人的行为之前的神圣恩典。他的观点受到411年迦太基会议(Council of Carthage)和奥古斯丁(Augustine)的强烈攻击,431年于以弗所大会被判为异端。不过,伯拉纠主义有很多时间一直以不同形式出现,例如半伯拉纠主义(semi-Pelagianism)。"

八　论赦免[①]

(1947)

On Forgiveness

【译按】恰如我们时常混淆事出有因与有理有据,以为找到原因(cause)就找到理由(reason);我们也时常混淆原谅与赦免,混淆情有可原与求神赦免。赦免,意味着直面罪,意味着恨罪,爱罪人。

[①] 本文应帕特里克·欧文神父(Father Patrick Kevin Irwin,1907—1965)之请而写。路易斯于1947年8月28日交稿,欧文神父将之收入教区杂志。

【§1—2. 信罪得赦免，不那么容易】

我们在教会内（在教会外也是）所说的很多话，都未曾想过到底在说些什么。比如，我们在《信经》（Creed）里说"我信罪得赦免"。在自问它缘何会载入信经之前，我已经说了好多年。乍一看，它并不值得载入。"一个人要是基督徒，"我想，"他当然信罪得赦免。这还用说？"但那些编纂信经的人显然认为，这是我们每次去教会时都要提醒自己的信念之一。我也开始明白，就我而论，他们是对的。信罪得赦免，并不像我想的那般容易。对罪得赦免的真正信仰，恰好属于这类事物：如果我们不戒慎恐惧，它很容易悄悄溜走。①

我们信，神赦免我们的罪；但是，除非我们赦免他人对我们所犯的罪，否则神不会赦免我们的罪。这一陈述的后半部分，毋庸置疑。它写入主祷文；我们的主设身处地，讲

---

① 路易斯《诗篇撷思》第3章："赦免谈何容易！我们都听过这条老笑话：'你才戒烟一次，我戒了十二次！'类似的话可用来形容我对某人的感觉。'那天的那回事，我原谅他了吗？我原谅他不知多少次了！'赦免的确必须一再重复。起先，我们原谅人，把自己的愤恨浇熄了。一星期后，某一联想有触痛旧创，刹那间怒火中烧，先前的工夫顿时化为灰烬。所以，圣经说，我们要赦免弟兄七十个七次，不是为了四百九十次的冒犯，而是一次的冒犯。"（曾珍珍译，台北：雅歌出版社，1995，第25页）

了这一点。① 如果你不赦免,你也将得不到赦免。祂的教导再明白不过,而且概莫能外。祂并未说,我们要赦免他人的罪,只要罪不太可怕,或只要情有可原,或只要有诸如此类的情况。我们要赦免全部的罪,无论如何可恶,如何可鄙,如何一犯再犯。要是我们没能赦免,我们自己的任何罪也就得不到赦免。

【§3. 赦免与原谅有天壤之别】

因而在我看来,关于神赦免我们的罪及我们被教导去赦免他人的罪,这两种赦免我们都搞错了。首先说说神的赦免。我发现,我自认为在求神赦免我之时,实际上(除非我对自己保持警醒)在求祂做另外的事情。我并非求祂赦免我(forgive me),而是求祂原谅我(excuse me)。然而,赦免与原谅之间,有天壤之别。赦免说:"好了,虽然你做出此事,但我接受你的道歉;我不会记仇,我们之间一切将和好如初。"

---

① 《马太福音》六章9—13节:"所以,你们祷告要这样说:'我们在天上的父,愿人都尊你的名为圣。愿你的国降临。愿你的旨意行在地上,如同行在天上。我们日用的饮食,今日赐给我们。免我们的债,如同我们免了人的债。不叫我们遇见试探,救我们脱离凶恶。因为国度、权柄、荣耀,全是你的,直到永远。阿们。'你们饶恕人的过犯,你们的天父也必饶恕你们的过犯;你们不饶恕人的过犯,你们的天父也必不饶恕你们的过犯。"

原谅则说:"我明白你情非得已或并非蓄意;确实不能归咎于你。"要是确实不能归咎于某人,那就无所谓赦免了。这样说来,赦免与原谅几乎就是相反两极。当然,在很多情况下,无论是人神之间,还是人与人之间,二者可能混杂。一些罪,初看是罪,最终确实并非任何人之过错,从而得到原谅;剩下的那些罪,就是赦免的事了。要是你有一个完美借口,你就不再需要赦免;要是你的全部行为都需赦免,那么就无可原谅。而麻烦的是,我们所谓的"求神赦免",其实往往就包含着求神接受我们的借口。使我们陷于这一错误的乃是这一事实,即常常有大量借口,大量的"情有可原"(extenuating circumstances)。我们非常急于向神(及我们自身)指出这些情有可原,以至于我们容易忘记那真正重要的事情;也即忘记了剩下的那些,无法找借口的那些,无法原谅但感谢神并非无法赦免的那些。要是我们忘记了这一点,我们就会臆想,我们已经悔改而且已得赦免,而实际所发生的一切,只不过是我们用自己的借口自我满意(satisfy ourselves)而已。借口可能非常蹩脚,却依然易于自我满意。

【§4—5. 求神赦免我的罪】

对此危险,有两种补救办法。其一是谨记,一切真正可原谅之处，神比我们清楚得多。要是真的"情非得已"，也就不必担怕祂看不见。常有之事是，祂知道很多我们从未思及的可原谅之处，因而那些卑微的灵魂，在死后会惊喜地发现，在某些场合他们的罪比他们所想的要轻得多。一切可原谅之处，祂都会原谅。我们必须带到祂面前的是那不可原谅之处，即罪。喋喋不休那些（我们以为）可原谅之处，只是在浪费时间。看医生时，你给他看的是你那出了毛病的地方——比如，折了胳膊。不停地解释说，你的腿和眼和嗓子都没问题，你真是在浪费时间。你这样想，就错了。话说回来，要是它们确实都好好的，医生也会知道。

第二个补救方法就是，真心实意信罪得赦免。我们之所以急于寻找借口，绝大程度上，源于我们其实不信罪得赦免，源于我们以为，神不会再喜欢我们，除非找到某些有利证据，令神满意。但是，那就一点都不是赦免了。真正的赦免意味着，直面罪。只剩下罪，再也没了借口，该体谅处都体谅过了。直面罪，看到它的全部可怕、肮脏、卑鄙及恶毒。虽如此，却仍与犯此罪之人彻底和好。这才是赦免，也唯有这才是赦免。要是我们求神，我们总能得到它。

【§6—7. 我赦人之罪】

至于我们赦免他人的问题，情况部分相同，部分不同。之所以相同，也是因为赦免并不意味着原谅。许多人仿佛以为赦免就是原谅。他们想，要是你请他们赦免某位曾诳骗或曾欺辱他们的人，那你就是试图证明并无诳骗或欺辱。若真是这样，那么就无所谓赦免了。他们一再重复："可是，我告诉你，那人违背了一项最最庄严的承诺。"一点没错，那正是你必须赦免的。（这并不意味着，你必须相信他的下一个承诺。而是意味着，你必须竭尽全力消除你内心的任何一丝仇恨——任何去羞辱他、伤害他或报复他的想头。）此情境与你求神赦免的情境，其不同则是这样：自己有过犯，我们太过容易找到借口；他人有过犯，我们却不大容易接受其借口。关于我自己的罪，十有八九就是（尽管并不确定），可原谅之处其实并非如我所想的那样多；至于他人的罪，十有八九就是（尽管并不确定），可原谅之处比我所想的要多。因而，我们必须开始留意，能够表明他人并非如我们所想的那般糟糕的那些事情。即便错全在他，我们依然必须赦免他；即便他的明显罪责，百分之九十九能拿真正的好借口开脱，赦免的问题就从留下的那百分之一的罪责那里开始。

原谅那真正情有可原之事，并非基督教之仁爱（charity）；它只是公平（fairness）。作一名基督徒意味着，赦免那不可原谅者，因为神已经赦免你的不可原谅之处。

这很难。赦免一桩大伤害，或许倒并不难。可是，赦免日常生活中连绵不绝的挑衅——一再赦免霸道的婆婆、暴横的丈夫、唠叨的妻子、自私的女儿、撒谎的儿子——我们如何能够做到？我想，只有藉谨记我们的立场，藉说到做到我们每晚祈祷时所说的话："免我们的债，如同我们免了人的债"。欲得赦免，别无他途。拒绝如此，就是拒绝神对我们的垂怜。这里毫无例外，而且神说到做到。

九　说漏了嘴[①]

(1956)

A Slip of the Tongue

【译按】我们心中总有个精灵鬼:时刻提醒我们,饥渴慕义之时,切莫太过当真,摊上全部家当;直面神之时,一定要保住自己这块自留地。路易斯则说,这种精灵鬼心态,其实只是首鼠两端。

[①] 1956年1月29日,剑桥大学莫德林学院(Magdalene College, Cambridge)的演讲。后收入路易斯文集 *Screwtape Proposes a Toast* (London,1965)。

【§1. 开堂授课与交换心得】

一个平信徒不得不布道之时,我想,要是他现身说法,不是去开堂授课(instruct),而是交换心得(comparing notes),①那么最有可能于人有益、引人兴趣。

---

① 路易斯在《诗篇撷思》一书之开头说,在某种程度上,"交换心得"(comparing notes)比"开堂授课"(instruct)更于人有益:

这不是一本学术专著。我并不是希伯来文专家,也不精通圣经训诂、古代历史或考古学。这本书是写给和我一样对诗篇种种所知有限的人,如果需要为本书的写作提出理由,我的理由是这样的:通常,学生若在课业上遇见问题,和同学互相切磋,比由老师单方面指导,更能有效解决问题。当你拿去问老师时,正如大家记忆中都有的经验,他可能讲解些你早就懂得的,再添加许多你目前不需要的资料,而对引起你困惑的地方,却只字未提。我曾经从双方的角度观察过这现象。身为人师,我总试着尽力回答学生的问题,有时讲解不到一分钟,某种出现在学生脸上的表情立刻告诉我,他正遇见我当学生时从老师身上遇见的挫折。同学之所以比老师更能帮助自己解决问题,正是因为他懂得没那么多。我们希望他帮助解决的问题,也正是他自己方才遇见的。专家遇见这问题,是许多年前的事了,所以,他的印象已经模糊。现在,他是以另一种眼光看待整个问题,因此,无法想象困扰学生的是什么,他以为应使学生感到困惑的地方,学生其实还未探讨到那里。

这本书是我以业余者的身份写给另一个业余者的,谈到我自己读诗篇时所感到的困惑和所获得的启示,希望对非专家的读者多少有些帮助,可以提高他们对诗篇的兴趣。因此,我是在"交换心得"(comparing notes),而非"开堂授课"(instruct)。(曾珍珍译,台北:雅歌出版社,1995,第5—6页)

【§2—3. 一次口误】

不久前私祷时,我用的是圣三一后四主日①的祝文②,我发觉自己说漏了嘴。我本想祷告,愿我"经过今世的试炼,最后也不失掉来世的永生"。结果却祷告成,"愿我经过来世的永生,最后也不失掉今世的试炼"。当然,我并不认为口误是一桩罪。我也拿不准自己就是个严格意义上的弗洛伊德信徒,相信所有这类口误,都一无例外,有着深度心

---

① 卢龙光主编《基督教圣经与神学词典》(宗教文化出版社,2007)释"Trinity Sunday(三一主日)":"基督教教会节期之一,是在五旬节或圣灵降临节之后的第一个主日举行,以示恭敬三位一体的神而守此节。天主教教会称作'圣三主日'或'天主圣三瞻礼'。"

② 【原注7】"O God, the protector of all that trust in thee, without whom nothing is strong, nothing is holy: Increase and multiply upon us thy mercy; that, with you as our ruler and guide, we may so pass through things temporal, that we finally lose not the things eternal; Grant this, O heavenly Father, for Jesus Christ's sake our Lord. *Amen.*"——原编者注
【译注】主教鄂方智核准、在华北教区试用的《公祷书》(1937),译此段祝文为:"天主阿,凡依赖主的,为主所庇护;若离了主,力量圣洁尽皆无有。求主多施怜悯,管教引导我们,使我们经过今世的试炼,最后也不失掉来世的永生。求天父因我主耶稣基督应允我们。"(第185页)另,何可人、汪咏梅译《从岁首到年终:路易斯经典选粹》(华东师范大学出版社,2006)一书,将此段祝文译为:"上帝啊,所有信赖你之人的保护者,离开了你,没有任何事物可以坚强,也没有任何事物可以圣洁——请把你的仁慈多多地赐给我们;这样,通过你的治理和引导,我们就可以度过纷扰的现世,最终也不会丧失永恒的一切。天上的父啊,为了我主耶稣基督的缘故,请你应允我们。阿门。"(第31页)

理的重要性。可是我想,某些口误确实重要,我的这次口误则是其中之一。我想,无意间说漏嘴的话,差不多(nearly)表达了某些我确实想望的东西。

当然只是"差不多",并非"正好是"(precisely)。我还不至于蠢到这个程度,以为永生(the eternal)可以在严格意义上被"经过"(pass through)。我那时想要经过的是这样一些时刻,其中我致力于永生事务,向永生事务袒露自身,却同时又无损于今生事务。

【§4—7. 心里有个精灵鬼与纳税人心态】

我指的是这样一种事。我做祷告,读灵修书籍,准备或领受圣餐。做这些事的时候,可以说,心里总有个声音在提醒我。它对我说,要小心,切莫昏头,不要走得太远,不要摊上全部家当。来到上帝面前,我惴惴不安。生恐上帝临在之时我说的话,当我重回"平凡"生活("ordinary"life),最终带来难以忍受的"不便"。我不想因冲昏了头,结果下了个日后悔之莫及的决心。因为我晓得,早餐过后,我的感受就不一样;我不想让自己在圣坛前所说的话,接下来却成了无法偿付的账单。比如说,昨日我给一位不小心冒犯了我的来信者,写了封怒气冲冲的回信,打算今天寄出去。把仁以爱人(the duty of charity)①太当真(那时我在圣坛前),早饭过后,我就不得撕掉这封信——这不是很讨厌吗?又比如,计划戒烟,砍掉早饭后那支烟(或者最好再残酷一点,让我在饭后这支烟和上午那根烟之间二择一),严守此计划岂不累人?即便是为往事而悔恨,也要做出相应偿付。悔过,就是认这些过犯为罪——因而,可不能再犯。所以啊,最好让此事悬而未决。②

所有这些提醒(precautions)之根本原则,毫无二致:捍卫今世事务(things temporal)。而且我找到一些证据,这种试探并非我所独有。有位优秀作家(我忘记了他的名字)问得好:"我们是否从未这样:匆忙起身,生怕祷告太久,神的旨意就变得不可移易?"下面这则故事,据说是真事。一位爱尔兰妇女,刚刚告解完毕,在教堂门口碰见了另一个女人,是她在村里的最大仇家。那女人对她大骂一通。结果这婆娘说:"跟我这样说话,你不害臊。你这胆小鬼。现在

---

① the duty of charity 殊难翻译,译为"仁以爱人",乃意译。语本董仲舒《春秋繁露·仁义法第二十九》:"以仁安人,以义正我";"仁之法在爱人,不在爱我。义之法在正我,不在正人"。

② 路易斯在《快乐哲学》(Hedonics)一文中说,我们心中总有个精灵鬼,有个 inward wiseacre,给我们做此类提醒。文见拙译《切今之事》,华东师范大学出版社,2015。

我处在恩典中,没法子对付你。你等着瞧,我不会在恩典中呆太久的!"在特罗洛普的《巴赛特的最后纪事》中,有个极好的既可悲又可笑的例子。① 副主教在生长子的气。他立即采取了许多不利于长子的法律措施。采取这些法律措施,数日之后会轻而易举。可是副主教不愿等。特罗洛普说明了为什么。要等到第二天,副主教就不得不在晚上到来时,念他的祷文。而且他知道,念完"免我们的债,如同我们免了人的债"②这句祷文,可能就执行不了他那怒冲冲的

---

① 特罗洛普(Anthony Trollope,1815—1882),英国文学家。路易斯这里指的是特罗洛普《巴赛特的最后纪事》(*The Last Chronicle of Barset*,1867)第 33 章,其实际故事略有出入。在这一章里,副主教怒火中烧,命妻子给长子亨利写信:假如亨利执意不听告诫,就会丢掉应分的继承产业。妻子提议,最好先冷静冷静,等明日写信不迟。副主教同意了:"然后他走出门去,到他的教区走动,为的是接着思考他儿子的罪过,这样他好一直让他的气生得火爆爆的,——红彤彤的火爆。然后他记起来晚上即将到来,他还得念他的祷词去;他懊恼地摇了摇头,——这一懊恼虽然十分强烈,但他并没意识到,他对它不想去分析,——只要他想到这一点,他的怒气就很难能够幸免于那种苦难。魔鬼在我们头上并不像他应有的那样强壮,我们为此抱怨过多少回呀。"(周治淮等译,人民文学出版社,2008,第 320 页)第二天,这封信没有写。

② 原文为"Forgive us our trespasses as we forgive",语出基督教主祷文。见《马太福音》六章 9—13 节:"我们在天上的父,愿人都尊你的名为圣。愿你的国降临。愿你的旨意行在地上,如同行在天上。我们日用的饮食,今日赐给我们。免我们的债,如同我们免了人的债。不叫我们遇见试探,救我们脱离凶恶。因为国度、权柄、荣耀,全是你的,直到永远。阿们。"亦见《路加福音》十一章 2—4 节。

计划。因而,他先下手;他决定在直面上帝之前,让生米做成熟饭。这是我所谈的预先防范的一个极端情形;这个人,除非提前确保今世事务(things temporal)安全无虞,否则不会冒险涉及永生(within the reach of the eternal)。

这便是我反复不断碰见的试探(temptation):下海(我想起圣十架的约翰曾称上帝为海)①,却既不潜水、游泳,也不浮水,只是涉水戏水,小心翼翼地躲开深水,紧紧抓住救生索,那根把我与今世事务连在一起的救生索。

这一试探,与刚作基督徒时遇见的试探不大一样。那时,我们抗拒(至少我抗拒过),拒绝承认关于永生的一些说法。当我们抗拒、被击败、最终投降之后,我们以为这下就一帆风顺了。接着来了这一试探。它针对的是,那些原则上承认永生、甚至做了某种努力去迎候永生的人。我们所受试探是,急切找寻着如何以最小代价进入永生。我们就像个诚实却又不太情愿的纳税人。我们原则上赞同交纳所

---

① 圣十架的约翰(St. John of the Cross,1542—1591),西班牙修士和灵修学者,名字可拼写为 Juan de Yepisy Alvarez。他改革修道院,撰写灵修文学。1726 年被封为圣徒,纪念他的宗教节日为 12 月 14 日。参卢龙光主编《基督教圣经与神学词典》(宗教文化出版社,2007)。

得税。可是,我们怕税金增加。我们小心谨慎,争取不多交一分。而且希望——非常热切地希望——交完税后,仍有足够的钱维持生计。①

【§8—10. 与其抓救生索,不如上游泳课】

你瞧,试探者在我们耳边低语的这些提醒,都振振有辞。我真的不大认为,他经常用直接的谎言来试图欺骗我们(长大成人之后的我们)。其振振有辞之处大体如下。我们会确实可能会被宗教情感——前人称之为"狂热"(enthusiasm)——冲昏了头,下了一些决心或采取了一些态度,令我们后悔不迭:这后悔不是出于罪感,而是出于理性;不是在我们更世俗之时,而是在更聪明之时。因为昏头,我们有时谨小慎微,有时则不顾一切;我们会以看似热诚实则傲慢之心,热衷于自己的分外之事。这就是这一试探之中的真理(truth)。个中谎言(lie)则在于它建议我们,对自己的最好保护就是,千万要看顾好我们的钱袋、我们习以为常的沉溺以及我们的野心。这可大谬不然。我们的真正保护得在别处寻找:在基督徒惯例(common Christian usage)

---

① 关于这种纳税人心态,亦可参路易斯的《论三种人》(Three Kinds of Man)一文。文见拙译《切今之事》,华东师范大学出版社,2015。

中,在道德神学中,在坚持不懈的理性思考中,在好友好书的劝导中,以及(假如需要的话)在循循善诱的属灵导师身上。游泳课,总比栓在岸上的救生索好。

因为,那条救生索(lifeline)其实是一条死亡索(a death line)。纳税,再靠余钱维持生计,无法与之相提并论。因为上帝向我们要的,不是很多时间和很多注意;甚至不是全部时间和注意;而是我们自己。对于我们每个人,施洗约翰的话字字是真:"他必兴旺,我必衰微。"①对旧错之一犯再犯,祂将无限仁慈;但我未得到任何承诺,说祂会接受一种深思熟虑的妥协(a deliberate compromise)。因为究其极,祂并无什么东西给予我们,除了祂自己;而且,只有当我们的"自矜自伐"(self-affirming)退出来,在我们的灵魂中给祂腾出空间,祂才会这样给予。且让我们为之正心诚意;那里将不会留下什么"我们自己"的东西,以供维持生计,也没有"平凡"生活("ordinary"life)。我的意思并不是,我们每个人必须蒙召成为殉道者(martyr)或苦行僧(ascetic)。这样的人,或许还是有的。对许多人(无人知道是哪些人)而言,基

---

① 见《约翰福音》三章30节。有人问施洗约翰,问他与耶稣的关系,约翰答以此语。

督徒生活将包含许多闲暇(leisure),将包含诸多我们天生喜欢的职业(occupations)。不过,这些将从上帝手中领受。对于一位完全的基督徒,它们既是他的"宗教"他的"事奉",也是他的最艰辛的义务;他的飨宴(feasts),和他的斋戒(fasts)一样地属基督。不能容许的——只能作为一个未被打败但却天天抵抗的敌人存在的——是这样一个观念,认为有些东西是"我们自己的",在有些地域里我们"放了学",上帝无权插手。①

因为祂索要一切(He claims all),因为祂是爱而且必护

---

① 路易斯《论三种人》(Three Kinds of Man)一文,将人分为三类:
这世界上有三种人。第一类人,仅为一己及其快乐活着,视人与大自然为无尽原料,任由宰割,以供一己之乐。第二类人,体认到其他呼召(claim)——天意(the will of God)、绝对律令(the categorical imperative)或社群之善(the good of society),在谋求自身利益时,诚恳地遵从这类呼召之限制,不越雷池半步。他们尽力降身于呼召之下,听其差遣。但也像纳税时那样,和其他纳税人一样期望,税款所余足够他们继续生活。他们的生活被分为两半,像士兵一样,分"接受检阅"和"不受检阅";像学生那般,分"上学"和"下学"。而第三类人,则像圣保罗那样说话,说对于他们,"活着就是基督"。这些人已经摆脱了这一烦事,即调解自我之呼召与上帝之呼召的冲突。摆脱方法很简单,即通盘拒绝自我之呼召。过去那自我中心的意志,调转方向,重新定位,从而获得新生。基督的意志不再限制他们的意志。祂的意志就是他们的意志。他们的时间,因属于祂,也属于他们。因为他们的就是祂的。(拙译《切今之事》,华东师范大学出版社,2015,第22—23页)本文所论,即为第二种人。

佑(bless)。祂无法护佑我们,除非祂拥有我们。试图在自己心中留一块自留地,就是试图留一块死亡之地。因而,在爱中,祂索要一切。跟祂,没有讨价还价的余地。①

【§11—13. 正道只有一条】

依我看,这就是最让我警醒的如下说法的涵义。托马斯·莫尔(Thomas More)说:"如果你跟上帝立下字据,说一生要如何事奉祂,结果你发现双方的字都是你签的。"②劳威廉(Law)以其冷峻口吻说道:"在末日有许多人会被拒绝,不是因为他们对救恩没有下工夫、吃苦头,而是他们没有下够功夫、吃够苦头。"后来,在他多产的伯麦时期(Behmenite period),他说:"假如你没有选择神的国,到头来,不管你选了

---

① 路易斯《返璞归真》卷四第9章:"请你把自己想象成一座住宅,上帝进来重修这座住宅。一开始你可能明白他在做什么,他疏通下水道,修补屋顶漏洞等等,你知道这些工作需要做,所以并不感到惊讶。可是不久,他就开始在屋子四处敲击,让房子疼得厉害,而且好像也没有任何意义。他到底要干什么? 回答是:他在建一栋与你原先想象的截然不同的房屋,在这里新建一幢副楼,在那里添加一层,再搭起几座塔楼,开辟几片院落。你原以为他要把你盖成一座漂亮的小屋,可是他在建造一座宫殿,他打算自己住在里面。"(汪咏梅译,华东师范大学出版社,2007,第200页)

② 托马斯·莫尔(Thomas More,1478—1535),英国人文学者,政治家,《乌托邦》(Utopia)一书之作者。1935年,罗马教廷封他为圣。路易斯引用的这句话原文是:"If you make indentures with God how much ye will serve Him, ye shall find ye have signed both of them yourself."出处未知。

什么其他的东西都没有多大区别。"①这些文字，真是逆耳之言。难道说，无论你选择女人还是选择爱国主义，可卡因还是艺术，威士忌还是内阁里的一把交椅，金钱还是科学，真的没啥区别吗？区别当然是有，只不过无关紧要。我们将会错失我们为之受造的目的（end），将会拒绝了那唯一叫我们满足的东西。对于一位气息奄奄的沙漠行人，他到底选择了哪条错过唯一水井的路途，还事关紧要么？

关于此事，一个值得注意的事实就是，天堂和地狱以同一口吻说话。试探者告诉我们："当心。想想看，下这么大决心，领受这一恩典，要付出代价。"而我们的主，同样对我们说，要算计花费。② 即便在人事之中，证词相左之人的一

---

① 劳威廉（William Law, 1686—1761），英国圣公会灵修作品作家，著有《敬虔与圣洁生活的严肃呼召》(A Serious Call to a Devout and Holy Life, 1728)一书，成为讨论基督徒属灵生活的经典之一。2013年三联书店出版该书之中译本，译者杨基。1734年，劳威廉从古典神秘神学转向德意志神秘思想家伯麦（Jacob Boehme, 1575—1624）的作品，故有"伯麦时期"之说。路易斯在此引用的这两句话，原文是："Many will be rejected at the last day, not because they have taken time and pains about their salvation, but because they have not taken time and pains enough"；"If you have not chosen the Kingdom of God, it will make in the end no difference what you have chosen instead."亦未找到出处。中译文，抄录自陈毓华。

② "to count the cost"，典出《路加福音》十四章28节："你们哪一个要盖一座楼，不先坐下算计花费，能盖成不能呢？"路易斯《返璞归真》卷四第9章，即以 Counting the Cost 为题。该章，完全可与本文相发明。

致意见，往往极度重要。这里，就更不用说了。将天堂的话和地狱的话合起来，看起来相当清楚的是，岸边戏水没什么了不起。事关紧要的，天堂渴欲而地狱生怕的，恰好是向前那一步，水深没过头顶，身体失去控制。

然而，我并不绝望。就这点而言，我恰好是一些人所说的福音派（evangelical）①；无论如何，都是个非伯拉纠派（un-Pelagian）②。我并不认为，凭一己之努力，就能一劳永逸地制止我这份对只承担部分责任的渴望（this craving for limited reliabilities），制止这一无可救药的保留（this fatal reservation）。只有上帝能够做到。我信祂会成全，也盼望祂会成全。当然，我的意思并不是，像他们所说的那样，我因而可以"坐等"了。上帝为我们成就的（does for us），祂要

---

① 卢龙光主编《基督教圣经与神学词典》（宗教文化出版社，2007）"evangelical"（新教徒，福音派信徒）词条："基督教用语，在历史上最初是指在16世纪初发生的宗教改革运动，特别是在德意志地区和瑞士。在斯派尔议会（Diet of Speyer）之后，这个名称逐渐由'Protestant'取代，用以指新教教会。由20世纪至现今，尤其是在英语世界中，"福音派信徒"一词主要是指新教教会中强调高举圣经权威和基督代赎受死的运动。"其中"evangelistic"（福音派的）词条："基督教的神学取向之一。这个字的原意是'福音传播者的'或'传道的'，在20世纪的用法往往是指新教神学强调圣经的神圣启示、权威和自足性，以及人类的堕落、基督救赎工作所带来的救恩、属灵重生等思想的教派。"

② 关于伯拉纠主义（Pelagianism），见本书第7章最后一条脚注。

在我们里面成就(does in us)。这一成就过程,就我而言(千真万确地)是我自身意志每日或每时反复弃绝这一态度的历练,尤其是每天早晨,因为每天晚上,它就像个新长出的壳一般把我包了起来。失败了会得赦免;默许才无可救药——容许我们身上有块地,我们依然据为己有。或许在有生之年,我们不能将入侵者赶出自己的领土,可是我们必须抵抗,而不是做傀儡政府。我们的晨祷,应是《效法基督》的这句话:"求你赐恩,使我从今天起得以开始完全的生活,因我过去所作的一切都不能算什么。"①

2014 年 12 月 24 日译毕,时母亲在津

---

① 语出托马斯·厄·肯培(Thomas à Kempis)《效法基督》(*De Imitatio Christi*)卷一第 19 章第 1 节。全文如下:

一个基督徒的生活应该以德行为装饰(太 5:48),好使他的内心和外表能相一致。

不但如此,所有于内心的,应该比所表现在外表的更多更美,因为上帝所鉴察的是我们的内心(诗 33:13;来 4:12—13),所以不论我们在什么地方都当存敬畏之心,而且要行为清洁(诗 15:2)。象在上帝面前的天使一样。

我们每一天都应该重新坚定我们的心志,激励自己的热忱,让每一天都如同皈依主的第一天,我们要这样祷告说:"我的上帝,求你帮助我,在我向善的志向和服事你的工作上帮助我!求你赐恩,使我从今天起得以开始完全的生活,因我过去所作的一切都不能算什么。"(黄培永译,南京:金陵协和神学院文字工作委员会,1993)

上帝·灾难·生活

——邓译《荣耀之重》读后

杨 伯

一

据说,有三个C.S.路易斯。一是杰出的牛津剑桥大学文学史家和批评家,二是深受欢迎的科学幻想作家和儿童文学作家,三是通俗的基督教神学家和演说家。

二战期间,三位路易斯都很勤奋。1939年到1945年,作为学者的路易斯,出版了《失乐园序》(*A Preface to Paradise Lost*, 1942)。作为幻想作家的路易斯,出版了"空间三部曲"的后两部(*Perelandra*, 1943; *That Hideous Strength*, 1945)和《梦幻巴士》(*The Great Divorce*, 1945)。

那些年,真正为大众熟识的,恐怕还是作为卫道士的路易斯:①

1940年,《痛苦的奥秘》(*The Problem of Pain*)出版。

1942年,《魔鬼家书》(*The Screwtape Letters*)出版。

著述之外,路易斯发表了大量关于信仰的演讲。最著名的,当属1942至1944年间,应英国广播公司(BBC)之邀而作的系列广播讲话。这些讲话,在战时分别结集出版(*Broadcast Talks*,1942;*Christian Behavior*,1943),它们就是《返璞归真》(*Mere Christianity*)的前身。

1943年2月,路易斯在杜伦大学(Durham University)国王学院作的三次讲座,后来结集成著名的《人之废》(*The Abolition of Man*,1944)。

从1939年到1945年,路易斯还在各种场合,面对各种听众宣读论文,主题都与信仰有关。比如:

1939年秋,在剑桥圣玛丽教堂的《战时求学》(Learning

---

① 在现代汉语里,"卫道士"不幸成了贬义词。假如视为中性词,那么,以"卫道士"形容路易斯之志业,似乎再贴切不过。关于此,邓军海在《人之废》的译者序言《道与意识形态》及《二战中的卫道士:C. S. 路易斯》二文里,均有详细论述。后文刊发于《新京报》书评周刊,2015年5月9日,B08版。

in War-Time)。

1940年,在牛津的一家和平组织宣读论文,题为《我缘何不是和平主义者》(Why I am not a Pacifist)。

1941年6月,牛津大学圣玛利亚教堂的《荣耀之重》(Weight of Glory)。

1944年5月8日,在牛津大学曼斯菲尔德学院(Mansfield College)小教堂的《高下转换》(Trasposition)。

1944年11月6日,在牛津大学苏格拉底学会(Socratic Club)宣读论文,题为《神学是诗?》(Is Theology Poetry)。

1944年12月14日,在伦敦大学国王学院(King's College)演讲,题为《话圈内》(The Inner Ring)。

1945年2月,向一群有志于在基督教的东方(东正教)和西方分支之间架设桥梁的基督教徒发表讲演,题为《和而不同》(Membership)。

……

这些战时演说,构成了读者面前这本小册子的主体。①

---

① 1949年,路易斯将《高下转换》、《荣耀之重》、《和而不同》、《战时求学》、《话圈内》五篇结集出版,题为 *Transposition and Other Addresses*。同年,本书的美国版问世,题为 *The Weight of Glory: and Other Addresses*。1980年,美国哈柏柯林斯出版社(HarperCollins Publisher)推出 *The Weight of Glory* 的修订本,编者增收了《我缘何不是和平主义者》(1940)、《神学是诗?》(1944)、《论赦免》(1947)、《说漏了嘴》(1956)四文。

本文，是一篇读书笔记，试着介绍这本小册子，也试着谈谈身为战时卫道士的路易斯。

二

如果有人能把二战期间各种语言的谈信仰的文章搜集起来，那肯定是一部惊心动魄的书。大概没人能说清战时谈论信仰该是什么样子。可以断言的是，必然有很多人主动承担起战争动员的使命。

1944年12月中旬，菲律宾莱特岛（Leyte）的美国兵营，一位路德宗牧师做了一次颇具煽动性的布道。他告诉美军战士："上帝把我们的子弹瞄准日本人而保护我们免受他们的子弹。"这句话起到了何种激励效果，不得而知。至少，一位23岁的士兵被激怒了。他觉得，基督教义不能被如此滥用，却竟然如此被滥用。由此，他开始反省自己一直作为习惯而尊奉的上帝信仰。不久之后，他又听说远在欧洲的那些集中营和大屠杀。这些灾难，让他彻底拒绝上帝的信念——如果上帝不能从希特勒那里救出数百万的犹太人，那么面向上帝祈祷，就丑陋而邪恶。多年以后，这位退伍士兵试着绕开"上帝"重建正义观念的根基。他坚信,重要的是让上帝的意志符合人类的正义观念,而非相反。他就是《正义论》的作者,约翰·罗尔斯(John Bordley Rawls)。①

战争,以及由此而来的灾难,像个巨大漩涡,同时代的一切都被席卷进去。信仰,似乎也只是漩涡里的一块砂石,绕着唯一的中心颠簸旋转。战场上的牧师,把上帝当成为士兵壮胆的工具。罗尔斯对此很是反感。正是这反感,刺激他建构一个卓越的体系,从而把上帝从人类事务中驱逐出去。罗尔斯和他的牧师,无论如何都算不上同道。不过,他们却有一个隐秘的共同点:谈论信仰的时候,都是以战争为出发点和参照物。以战争之名,上帝可以被利用,也可以被审判。利用、审判,貌离神合。

这是一个看似跑题的故事。以它为参照,路易斯的工作就显得与众不同。

大战期间,路易斯的主要工作,是思考和讲述上帝与人的关系。即便《空间三部曲》这类幻想小说,也没脱离这个主题。不过,路易斯只是在战争之中谈论信仰,而非为了战

---

① [美]罗尔斯:《我的宗教观》,见《简论罪与信的涵义》,北京:中国法制出版社,2012。

争而谈论信仰。

在战争之中谈信仰,无非是说,当其谈信仰之时,某地正在发生战争,某位听众曾经、正在或即将投入战争。对于路易斯而言,战争,只是一个无须刻意回避的背景。他谈信仰,并非服务于战争。他更不认为,人与上帝的关系会因战争而变得不同。

战时的路易斯,不断提醒人们,战争不是这个时代的唯一主题,连最重要的主题都不是。因为,无论出现多少新型武器,战争都算不上人类的新困境。从古至今,生活从未平静,困境从未解除。从来没有哪一个困境大到可以重新定义时代,重新定义人。永远有比困境更重要的事。不然的话,人们根本无从定义何为困境。

读路易斯的战时文字,读者或许会惊讶于他对战争刻意地轻描淡写。如《魔鬼家书》的序言:

> 最后,我要多说一句,这些信件所写年代并未经过整理。第17封信似乎写于口粮配给制严格实行之前;但一般说来,魔鬼的计时方法似乎并不能与人间时间对号入座,因此,我从未想过要把日期补上。显然,欧

洲战争若不是碰巧时不时地对一个人的属灵状况有所冲击的话,私酷鬼是不会对其历史有丝毫兴趣的。①

战争之所以值得谈谈,是因为它会影响一个人的属灵生活,就像阅读、交友、恋爱也会影响人的属灵生活。正是在这个意义上,战争才成为人的困境。正如阅读、交友、恋爱也可能成为人的困境。换言之,因为有属灵生活这件大事,战争才有被谈论被思考的价值。路易斯并非轻描淡写地谈战争,只是希望人们以得宜的方式谈论战争。

什么是得宜的方式?简言之,就是首先意识到战争只是有限之物:

> 战争不会吸引我们的全部注意,是因为它乃有限事物(a finite object),因而,内在地不适合承受人类灵魂之全神贯注。为避免误解,我这里必须做一些澄清。我相信,我们的事业就像人类的其他事业一样,很是正义,因而我相信参战乃一义务。每一义务都是神圣义

---

① C. S. 路易斯:《魔鬼家书》,况志琼、李安琴译,华东师范大学出版社,2011,第1—2页。

务(a religious duty),践行每一义务之强制力因而就是绝对的。于是,我们可能就有义务拯救落水之人。假如生活于险滩,我们就有义务学习救生,以便每当有人落水,我们已经做好准备。舍身救人,或许就是我们的义务。然而,假如有人献身于救生,心无旁骛——在人人都学会游泳之前,他既不想也不说其他任何事情,要终止其他一切属人活动——他就会成为一个偏执狂。救落水之人,是我们值得为之而死的义务(a duty worth dying for),而不是我们值得为之而生(worth living for)的义务。在我看来,所有政治义务(其中包括参军义务)都是这类。一个人可能不得不为祖国而死,但是,没有人在心无旁骛的意义上为其祖国而生。谁人毫无保留地响应某国族、某政党或某阶级之召唤,谁就是把最明显不过属于上帝的东西,即他自己,贡献给凯撒。(本书第二章《战时求学》第6段)

战争之所以可怕,不是因为会死人。人谁无死。战争可怕,也不仅因为使人痛苦地死去。没有战争,人也会死于各种各样的痛苦。战争的可怕在于,它可能封堵人们寻思"无限"和"永恒"之路。当人们看不到或者拒绝看到"无限"和"永恒",就会把生命献祭于有限事物。当有限事物接管了人的生活和生命,人就陷入比战争更可怕的败坏之中。当败坏了的人试图把上帝的权柄交到凯撒手里,他就和上帝一起,随时被利用,随时被审判。

路易斯战时谈论信仰,常常只字不提战争。因为在他看来,封堵人们寻思"无限"、"永恒"的东西太多,远比战争更危险。战争,与其说是这个时代的病因,不如说只是时代的病灶。病源,还在更深的地方。它们才是真正的大敌。

路易斯眼中的大敌,是这个时时刻刻自以为义的"现代"。《痛苦的奥秘》、《魔鬼家书》、《返璞归真》、《人之废》、《荣耀之重》,路易斯一边讲述信仰,一边清除路障:反驳那些自我加冕的现代凯撒。

三

如果"现代"只是一个时间概念,那就无须反驳。所有人,不多不少,只能活在他自己的"现代"。如果"现代"是指某个时间段落里发生过的一切,那也无须反驳。没人能思考或谈论"一切"。准确地说,路易斯关注的"现代",首先是在某个时间段落里涌现出来的"坏哲学",尽管有时它们不以哲学的形式显现;其次是这些坏哲学正在引发、可能引发的灾难。

没人能回到过去,没人能预见未来。正因如此,必须有人抵御那些发生在现在的胡言乱语。这些胡言乱语,可能把过去涂抹得面目全非,也可能把未来建成通往地狱之路:

> 好的哲学必须存在,是因为需要对坏哲学予以回应,即便再无别的理由。清醒理智必须工作,不只是为了对抗敌对那方的清醒理智,而且是为了对抗一塌糊涂的异教神秘主义,它全面否弃理智。或许最重要的是,我们需要让过去历历在目。不是因为过去具有某种魔力,而是因为我们无法研究未来,却又需要有某种东西来对抗现在,需要某种东西提醒我们:不同时代的基本预设相当不同,未受教育者以为板上钉钉的事,只是一时风尚。一个在多处生活过的人,不大可能上本村落地方性错误的当;同理,一个在多个时代生活过的学者,在某种程度上,会对本时代的书报与广播中喷涌

而出的胡言乱语保持免疫。(本书第二章《战时求学》第10段)

路易斯就像一个在多处生活过的人,在这个现代村落里,到处发现自以为是的"地方性错误"。所有这些错误,都曾被现代村民当成独一无二的真理。

把诸种现代"真理"说成村落的"地方性错误",是个绝妙的反讽。唯物论、实证主义、进化论、科学主义、个人主义、集体主义……诸如此类的堂皇字眼,都在路易斯开列的"地方性错误"清单上。它们相互牵扯,结成一张遮天之网,让现代人错把蕞尔村落当成世界的全部。

路易斯认为,有必要严肃地反省这些字眼。原因恰恰在于,它们有可能阻碍严肃的思考。当人从书报读到、从广播听到、从嘴里说出它们的时候,往往不知道它们意味着什么。人相信它们,只是因为它们看起来、听起来、说起来像是那么回事。它们太像回事了,以致可以让人心安理得地停留于不再为"相信"浪费心神的状态。

"相信"一事,可能意味着此事无须讨论,也可能意味着不知道此事尚有待讨论。路易斯说,未受教育者,常把一时一地的观念当成板上钉钉的事实。现代村落里,未受教育者通常是那些能读书能看报的斯文之徒。他们的心灵乃由书报上的胡言乱语喂养,除了胡言乱语,对其他一切都保有免疫力。对他们而言,胡言乱语,是唯一可信的事实。

路易斯的技艺之一,就是让这仿佛唯一可信的事实,显其胡言乱语的真面目。

在《神学是诗?》一文里,路易斯的目标,是反驳那种认为神学"仅仅"(或者"只不过")是诗的看法。这种看法的根据,是某种据说科学的宇宙观。当基于唯物论和实证主义的科学成为裁断一切的标尺时,神学早已成为被告。"神学是诗",乃科学颁布的判决书。神学是诗,首先意味着神学不真。不真即不可信。人们不断在神学当中发现诗意,其实是在为神学搜罗罪状——根据科学主义的教诲,那些太像诗的东西,不值得认真对待。路易斯说,神学的诗意,来自它对整个世界的讲述。它向人们提供了一个可以乐享的世界图景。任何一种让人乐享其中的世界图景,都会给人以诗意的刺激。就此而言,弗洛伊德主义,也有诗意。更讽刺的是,照理应该与诗无涉的科学图景,可能是有史以来最富诗意的一则神话:

这出戏的序曲，最为紧凑(austere)：无尽的虚空，物质运动不息，产生出它所不知道的东西。接着，由于千万分之一又千万分之一的几率——多好的悲剧反讽啊——在某一时空点上，万事俱备，冒出一个小酵母来，这就是生命的开始。凡事仿佛都和我们的戏剧的幼小主角作对——恰如在童话故事开头，凡事仿佛都和小儿子或受虐待的继女作对。然而不知怎的，生命无往而不胜。受尽无数磨难，越过几乎不可逾越的障碍，生命扩张、繁殖、修炼(complicates itself)，从变形虫进化出植物，进化出爬行动物，进化出哺乳动物。我们瞥见巨兽时代(the age of monster)，恐龙在地面觅食，相互吞噬，最终灭绝。接下来又是小儿子主题及丑小鸭主题。恰如无生之物的巨大敌意中间，闪出生命的星星之火。这一次，又是出于千万分之一又千万分之一的几率，在比他强大许多的野兽中间，又出现了一个小小的赤身裸体、战战兢兢、缩手缩脚的生灵，东躲西藏，还未直立行走，前路茫茫。然而不知怎的，他兴旺发达了。他成了穴居人(Cave Man)，群居，取火，围着敌人尸骨喃喃自语猞猁咆哮，揪着尖叫的配偶的头

> 发(我实在不明白为什么)。他因妒火中烧将孩子们撕成碎片,直到有一天,一个孩子长大成人,又转过来把他撕成碎片。他照自己的形象创造了充满敌意的诸神,匍匐在他们面前。但这些都只是成长中的痛苦。耐心点,看下一幕。这幕戏里,他成为真正的人(true Man)。(本书第五章《神学是诗?》第 11 段)

一段精彩的戏拟,令科学显露出自己最为鄙夷的本来面目:原来,也是诗,而且是所有诗里最戏剧最煽情的。如果"诗"是一桩罪过,那么科学图景的罪过一点也不比神学轻。

人们信以为真的科学图景不仅也是诗,而且还是蹩脚的诗。它的基础,是这样一种信念:一切只是物质,以及物质的运动,所有物质都服从唯一的、可探明的法则。这个法则,正在科学家的书桌和实验室里逐步揭晓。这听起来很像那么回事。路易斯说,其实是矛盾而不自知的胡言乱语:

> 除非我们能保准,最遥远的星系或最遥远的部分里的实存(reality),也服从此时此地身在实验室的科学家的思维法则(thought laws)——换言之,除非理性

(Reason)是一种绝对(an absolute)——否则一切都会一塌糊涂。可是,提请我相信这一宇宙图景的那些人,却又请我相信,理性只不过个副产品,是无心之物(mindless matter)在其无休无止毫无目标的生成过程的某一阶段,无法预见且无意为之的副产品。这是自打嘴巴。他们同时请我,既要接受一个结论,又不要相信这一结论可以站得住脚的唯一证据。这一难题(difficulty),在我看来是致命的。(本书第五章《神学是诗?》第22段)

如果世界只剩物质,就没有理性的容身之所。一个人不能既坚信理性,又持彻底的唯物信念。甚至,唯物、信念本身即是自相矛盾。自相矛盾,科学主义者常用这个词挖苦神话。他们的世界景观,竟然就镶嵌在自相矛盾之中。

路易斯从来不是科学的反对者,他只是反对科学的自以为是。正如怀特海(A. N. Whitehead)所说,近代以来,科学由于其极大的成就而拒绝批评。[①] 面对科学的巨大成

---

① [英]怀特海:《科学与近代世界》,何钦译,北京:商务印书馆,1959,第64页。

就,科学信徒们关注的多半是它的结果,而非原理。这就使"科学"这个概念,成了存储各种实用观念的容器。科学拒绝批评的最大理由,就是它的"管用"。科学的自以为是,体现为它自称在一切领域"管用",并且以某时某地的"管用"一劳永逸地拒绝所有批评。路易斯认为,严肃的科学,必须首先意识到自身的不管用。自以为是的科学,不只是神学的敌人,也是科学的敌人。

现代人自信拥有科学的世界图景。人们相信这幅图景,非因其真,乃是因其自称科学。比如进化论,尤其是基于进化论建构的历史图景。对 20 世纪的现代村民而言,进化论不是某种特定的哲学,而是各种时髦哲学赖以塑造自己的基本骨架。无论哪种"主义",一个安置在遥远未来的尘世天堂,几乎是标配。认定"天堂",跟定"主义",是众多现代心灵的基本姿态。没有对"进化"的深信不疑,这个姿态保持不了多久。而人们之所以对"进化"深信不疑,据说基于科学的证词。果真如此吗? 1941 年,路易斯发表《荣耀之重》。他把各种形态的"进化论"称为加在人们身上将近百年的"世俗魅惑"(evil enchantment of worldliness):

几乎所有的现代哲学,都处心积虑地说服我们,人类之美好(good of man)可以在尘世找到。值得一提的是,进步论或创造进化论之类哲学,本身反倒见证了这一真理,即我们的真实目标其实在别处。当他们想要说服你,尘世就是你的家,请注意他们是如何着手的。他们一开始,试图说服你,尘世可以变为天堂,因而诱你在尘世心生放逐之感。接着,他们告诉你,这一幸事(fortunate event)在遥远之未来,因而诱你心生认识,故园(fatherland)不在斯世斯地。最后,为防止你对自有永有者(the transtemporal)心生憧憬,这样就会唤醒你并进而坏了他们的事,他们随手操起修辞,确保你不回过头来想:即便他们所许诺的所有全部幸福都会降临尘世之人,每一代人依然因终有一死而失去它,包括最后一代人,因而全部故事终将归于虚无,甚至连个故事都不是。这一派胡言,体现在萧伯纳先生笔下莉莉丝(Lilith)临终演讲中,亦体现在柏格森的这一观点,即生命冲动(élan vital)能够跨过所有障碍,甚至跨越死亡——仿佛我们能够相信,这一星球上的任何社会进步或生物进化,将延迟太阳之老化或推翻热力学

第二定律。(本书第一章《荣耀之重》第5段)

如果"进化论"援科学以为靠山,那么,迄今为止人们从科学那里学到的最确凿不移的知识是:人必死,地球必然毁灭,太阳终将衰老——热力学第二定律一劳永逸地否定了"永动机"。各色"进化论",把天堂安置在必朽的尘世。不如此,就不能挑动人们的持久亢奋,好像人类社会是一部能够无限膨胀的永动机。可惜,这幅一路亢奋奔向天堂的世界图景,必须把最要紧的科学证词排除在外。因为,一旦考虑到人之必朽,宇宙之必朽,所有的进化故事就显得可笑:驻守在遥远未来的,不是天堂,是毁灭和虚无。原来,以"科学"自重的"进化论",必须绕开某些它们不喜欢的科学,才能让自己显得科学。如果它们不像看上去那样的科学,那么它们是什么?路易斯说,最好把它们当成并不高明的修辞。为了防止人们望向苍穹,它们努力把人的视线引向未来。为了防止人们看清未来,它们努力把未来描述成一张与任何个体无关的空头支票。

《魔鬼家书》里,魔鬼特别喜欢"未来"这个词儿,作为引人堕落的老手,他教导新手与那些热烈赞美"未来"的现代哲学合作：

> 总之，在一切事物中，和永生最不相像的就是未来。它是最捉摸不定的一段时间——因为过去已经冻结，不再流转移动，现在则有永恒之光照亮。这是为什么我们一直以来提倡类似创造进化论、科学人文主义这样的思想体系，因为它们可以把人的感情牢牢固定在未来这一变化莫测之核心当中。这是为什么几乎一切罪恶都扎根于未来。感恩是在过去，爱着眼于现在，恐惧、贪财、色欲和野心则眺望着未来。①

魔鬼喜欢的"未来"，不是为明日之事做好准备，不是为了儿孙的成长努力工作，而是种种被人间天堂鼓动的抽象渴望：

> 我们希望一个人被未来压得喘不过气来，他幻想着天堂或地狱很快就将出现在地上，并饱受这一幻想的折磨；……我们希望他把信心建立在一些计划的成

---

① C.S.路易斯：《魔鬼家书》，况志琼、李安琴译，上海：华东师范大学出版社，2011，第57页。

败上面,而这些计划的结局是他有生之年根本无法看到的。我们希望全人类终其一生都去追寻一些海市蜃楼,在当下永远不诚实、永远不善良、永远不快乐,只把现在赋予自己的一切真实恩赐充作燃料,堆积在为未来而设的祭坛上。①

各色"进化论",把"未来"描绘为流着奶和蜜的应许之地。于是,尘世上某个谁也说不清楚的"未来",成了义务,也成了权力。多数人有为之献祭的义务,少数人有驱使别人献祭的权力。路易斯反复提醒读者,人们数百年来遭遇的诸多现代灾难,总是打着"未来"的旗帜降临的。

假若战争仅仅是两窝蚂蚁的厮杀,路易斯不会关心它。假若"进化论"仅仅是一种生于书斋死于书斋的理论,路易斯也不会关心它。路易斯把它视为危险的"坏哲学",因为它冲击了人的属灵生活。更重要的是,当它影响人的灵魂时,亮出的身份不是"哲学",而是"事实"。

几乎所有"坏哲学"都有一个共同胎记:它们从不声称

---

① C. S. 路易斯:《魔鬼家书》,况志琼、李安琴译,上海:华东师范大学出版社,2011,第58页。

自己是哲学,也努力阻止信徒意识到它们只是哲学。好哲学邀请人们聆听,也接受人们审查,引导人们在各种关于世界的观点之间权衡、考量、怀疑、论辩。坏哲学推销自己的时候,把某种关于世界的观点当成世界本身。好哲学邀请人们提问:世界可能是什么样子,还可能是什么样子?坏哲学让人忘记提问:世界怎么可能是别的样子!

路易斯反感进化论、科学主义,因为它们都有这个功效:彻底收缴信徒的判断力和想象力。它们的信徒,通常没有能力首尾贯通地理解某种哲学。武装其头脑的,是各种来路不明的大词和套话。"明天会更好"、"哪里有上帝"、"哪里有真理"、"一切都是心灵的产物"、"解放自我"、"人定胜天"、"历史规律告诉我们"……人们听到这些词句,慢慢习惯,终于不假思索地脱口而出,他就被"坏哲学"俘获,继而亲自成为坏哲学家——世界怎么可能是别的样子!

所以,应该换一种更准确的表述:路易斯反感甚至轻蔑的,不是唯物论,而是成为坏哲学的唯物论(或其他"主义")。如果遇到卢克莱修,路易斯定当乐意端一杯啤酒,与之畅谈"物性论"。可惜,现代人的唯物信念,多半与严肃哲学无关,而是来自报纸上的只言片语,教室里、餐桌上的夸夸其谈。

在路易斯看来,种种现代"坏哲学",其深植人心,并非由哲学家推动,而是由语言学家操盘。《魔鬼家书》里,地狱最为倚重的,是"语言学部队"。这支部队的核心力量,远比职业语言学家庞杂。凡操弄文字之人,都有可能与有荣焉。记者、教师、作家、批评家……正是这些勤奋的文字工作者,把哲学转化成语言习惯:只会这样说话的人,再也不可能那样看世界。

大多数现代村民,几乎是在毫无准备的情形下就习得了某种败坏的语言。败坏的语言,危险之处不只在于向说话人强行推销某种半吊子哲学。路易斯认为,日常语言那些不经意的败坏,可能把人、人类引向通往地狱之路。

读过《人之废》的人,不会觉得这是危言耸听。

《人之废》,或许是路易斯在战争期间最为惊心动魄的著作。全书的开端,是对一本高中英文课本的评论。课本的编者努力使学生相信:当柯勒律治赞美瀑布的崇高时,所谓"崇高"与瀑布无关,只不过是赞美者心中的主观感情。课本的编者和大多数读者,不会觉察这样说有何不妥。"所谓美丑,无非人的主观感受"、"所谓善恶,无非人的主观信念"、"所谓上帝,无非人的主观投射"……现代人早已习惯此类瞬间看透一切的言说方式。据说,一个成熟的现代人,只相信一种客观,那就是看得见摸得到的"物质"。除此之外,都是主观产物。所以,瀑布是真相,崇高是幻觉。从这里出发,路易斯展开了他的推论。

除了"物质",无非主观产物。这意味着什么?首先,意味着无所谓客观美丑。这似乎无关紧要。接下来,意味着没什么绝对的善恶可言。或许很多人要为之欢呼。再接下来,该取消上帝的资格了,他不过是低级头脑产生的幻象。这岂不是人类迄今为止取得的最大胜利?赶走上帝,人终于成为自然的主宰,自己的主宰。路易斯开始发问了:当我们说"人主宰自然"的时候,到底是指什么呢?是指所有人共同主宰自然,还是一部分人对另一部分人的主宰?在不确定自己是主宰者的时候,人们都觉得一部分人主宰另一部分人不好。可是,这个"不好",只是一种主观好恶而已。上帝、善恶、美丑,不都是主观制造么?可以制造这样的善恶,为何不可制造那样的善恶呢?主宰其他人的那个人,为何不可制造他需要的善恶呢?如果善恶可以制造,为何不可制造与之相匹配的人呢?如果一个人可以按照需求制造配置其他人,那些被配置的人,又和他们自以为主宰的自然有何区别呢?如果那个主宰其他人的人,也只是根据主观冲动行使权力,他又和仅为饥寒痛痒驱动的自然物有何区别呢?如果所有人终于沦为土块禽兽,"人",又在哪里呢?

一切推论,都从那挂被看透的瀑布开始。路易斯的结论是:当自视聪明的现代人看透一切时,也就彻底废除了自己。① 1943年,路易斯发表关于《人之废》的系列演讲时,世界正在经历着"人之废"的灾难。人们忙于抵抗、诅咒、惩罚战争的元凶。路易斯却从一本英文课本里看到了灾难的种子——败坏的语言、败坏的哲学。

大战之际,路易斯告诉人们:自我加冕的现代凯撒,不是只在敌营当中。

四

拒斥"坏哲学",才能让"好哲学"重新回来。没错,"好哲学"不需要发明,不可能发明,只要让它重新回来。

---

① 详参邓军海译注的《人之废》(华东师范大学出版社,2015),尤其是第三章。

"坏哲学"根本不是哲学。"好哲学"也无需专业的哲学形式。所谓"好哲学",只是帮人恢复长久遮蔽了的广阔视野:原来,世界有可能是别的样子!

"好哲学",不是某种特定的哲学,而是健康、严肃的思考该当具备的共同特质。具体清单,很难开列。至少下面几条,路易斯再三致意。

1. 本末之辨

现代人喜作价值判断。一切价值判断,皆须仰赖某种超然于价值序列之上的标准。标准裁断价值,但它自身必须在价值序列之外。教师为考生打分,他自己不能同时充当学生。任何一种价值序列,都不能由序列之内的事物提供尺度。否则,无所谓价值,也无所谓序列。这个充满价值判断的世界,必须有一个价值的源头。它为一切价值提供理由,自己恒在一切价值之外。这个源头,是"本",以它为理由的一切,皆是"末"。

世界之"本",路易斯说,即是上帝。但他不反对人们在另外的语言文化里称之为"道"、"天道"、"真主"……

上帝、天道、真主,不是意识形态。上帝死了的意思,不是废除上帝这个词,而是把它当成意识形态。杀死上帝,无须证明他毫无价值,只要宽宏大量地把他奉为最高价值。把上帝奉为一种价值、一种意识形态,等于拆穿上帝。路易斯坚信,上帝的拆穿家们(debunkers),最终废除了人自身。

上帝照临之下,一切尘世价值皆为"末",或曰次要之事。无论它们具有何等重要之价值,皆为次要之事。惟其有价值,故而次要——有价值之物,必定不是价值之源头。

打赢战争,极有价值。惟其如此,属于次要之事。

国族昌盛,极有价值。惟其如此,属于次要之事。

肉身存活,极有价值。惟其如此,属于次要之事。

亲情爱欲,极有价值。惟其如此,属于次要之事。

说某事次要,绝非对它的否定。上帝或天道照临之下,"次要"是人间万事的神圣属性。说某事"次要",意思是它不能成为自己的理由。任何不甘自居"次要"的人间事物,都可能制造人间灾难,无论它何等美丽,何等伟大。

平等是好的,因为它可以保护弱者的福祉和尊严。但若平等成为裁断一切的标尺,人间就可能陷入平等的恐怖。把平等视为至善,人们可能再也看不到学生对先生的尊重,新手对大师的敬畏。根据平等的投票,在绘画比赛上,达·芬奇可能输给拿长鼻涂鸦的大象。

进步是好的,技术进步给生活带来便利,医学进步可以保障生命安全提升生活质量。但若进步成为"进步主义",成为社会生活的最高目的,进步的恐怖也将随之而来。医学本是救人的工具。如果对人活体解剖有助于医学进步,是否可为呢?在一个狂热的进步主义者看来,这是个傻问题:没有任何道德顾虑可以阻碍进步本身!

科学是好的,靠着科学家的睿智与勤奋,人类对自然对自己的认识,达到前所未有的精确。但若从对科学的信念发展成"科学主义",科学的恐怖也如期而至。人们可能期待科学家接管所有事务,包括他们的分外之事。科学一旦越过了界限,便有很多愚蠢假科学之名大行其道。其实,我们的时代,正生活在此种愚蠢之中。

平等、进步、科学……都是"次要之事"。惟其次要,才是好的,才值得人们全力热爱,不懈追求。人类历史上的大灾难,往往不是因为纯粹的恶,而是源于美好事物、伟大人物忘了自己的"次要"。

路易斯提醒人们,凡在尘世的,都属"次要之事"。人们应该把次要之事当成次要之事去爱、去怕。如何去爱、去怕"次要之事"呢?你可以为它奉献生命,不可向它奉献灵魂。

路易斯在《生活在核弹时代》一文里曾说:

> 假如我们所有人都将被核弹炸死,就让那核弹飞来之时,发现我们正在做明智且人性之事——祈祷,劳作,教学,读书,赏乐,给孩子洗澡,打网球,把酒对酌或投壶射覆之时与朋友相谈甚欢——而不是像受惊羊群一般挤作一团,只想着炸弹。它们可能会摧毁我们的身体(一个细菌也能做到),但不必主宰我们的心灵。①

与人之必死相比,死于此时死于彼时,是次要之事,死于战争死于疾病,也是次要之事。和宇宙之终将衰朽相比,文化之夭亡,同样次要。凡属尘世,终有衰亡。比这更重要的,是人如何走向属于他的衰亡:是像人那样死,还是被死吓得不像人。像人那样生,像人那样死,是人对上帝的责任。

现代顽症之一,是"次要之事"的僭越。国族至上、平等至上、科学至上、爱情至上、快乐至上、发展至上、活着至上,各种"次要之事",争相向人索取绝对忠诚,要人献上全部灵

---

① C. S. 路易斯:《切今之事》,邓军海译注,上海:华东师范大学出版社,2015,第121页。

魂。光怪陆离的灾难、荒唐,由此而生。最后的抵御之道,是重审本末之辨。文明生活的屏障之一,便是记住"次要",捍卫"次要",把所有次要之事放在适合它们的地方。人类历史上的大灾难,往往不是因为纯粹的恶,而是源于美好事物、伟大人物忘了自己的"次要"——凯撒不甘心只是凯撒。

2. 古今之别

路易斯反驳过各种"坏哲学"。它们看似风马牛不相及,却在一件事上出奇地默契,那就是赶走上帝。路易斯说,好多煞费苦心的思想体系,"不是为了收集事实,而只是为了排斥上帝"(本书第5章《神学是诗?》第23段)。

如前所述,路易斯并不在意人们如何称呼那个被排斥者。有人称之为上帝,有人称之为天道。当人们呼求上帝、寻思天道之际,是在以无限为参照审视有限,以永恒为参照省察必朽,以整全之源泉为参照反观亏缺之个体。有限、必朽、亏缺的人,时刻接受命令和审判。不知从何时开始,天人关系发生逆转。上帝和天道走上被告席,人,成了一切的法官。成了最高法官的人,仰望苍穹,看不到上帝和天道,闯进眼帘的,唯有空荡荡的宇宙。人们曾经拥有的向无限、永恒、整全敞开的视野,被遮蔽了:世界无非我们看到的样子!

路易斯提醒人们注意古今之别。天人关系的逆转,是古今之别的核心情节。现代史家,喜欢谈论过去。他们的工作,是在过去与过去之间,寻找差异,发现故事。路易斯说,没有任何故事比"现代"的来临更惊心动魄。相较于古今之别,过去与过去的种种差异,几乎可以忽略不计。1954年,路易斯就任剑桥大学"中世纪与文艺复兴时期英国文学"教授。他的第一课,题为《论时代的分期》。他的听众早已习惯把异教时代、基督时代看成截然不同的时代,把中世纪人、文艺复兴人看成截然不同的人。路易斯说,如果和某个典型的现代人站在一起,此前时代的人们反倒彼此相似,有如兄弟。1946年,路易斯写《现代人及其思想范畴》,提到古人共有而今人所无的三个素质:相信超自然;相信罪及终极审判;崇古而审今。他所谓的古人,包括犹太人、犹太化的外邦人、异教徒。现代学者乐于谈论这些人与基督徒的差异。路易斯说,因为那三个素质,犹太人、异教徒与基督教的距离,并不太远:

最早的传教士,即使徒们,向三类人布道:犹太人;犹太化的外邦人,它有个专名 metuentes(畏神者);异教徒(Pagans)。在这三类人中,他们能指望上一些素质(predisposition),而在我们的受众身上,这些素质却指望不上。这三类人都信超自然(the supernatural)。即便是伊壁鸠鲁学派,他们也信,尽管他们认为众神毫不作为。这三类人都意识到罪(sin),且害怕神的审判(divine judgement)。伊壁鸠鲁主义,正因为它许诺把人从这种恐惧中解放出来,才得以风行——只有声称能治四处泛滥的疾病,新药才会大获成功。神秘宗教(mystery religions)则提供了净化(purification)和解脱(release)。在这三类人中,绝大多数都相信,这个世界曾经一度比现在好。关于堕落(Fall)的犹太教义,斯多葛学派的"黄金时代"(Golden Age),以及众多异教敬拜英雄、祖先、古代立法者,从这个层面上讲,大同小异。①

路易斯的意思是,可以指望犹太人、异教徒、基督徒彼此理解。由于他们共享的信念,彼此理解的可能性极高。而素喜观察雅好评断的现代人,几乎不可能理解他们中的任何一个。

---

① C. S. 路易斯:《切今之事》,邓军海译注,上海:华东师范大学出版社,2015,第98—99页。

古今有别,这一点,其实无需路易斯的提醒。几乎所有现代人,都乐观地意识到自己与前人之间的巨大鸿沟。只不过,当他们谈到古今之别时,首先想到的是真理取代愚昧、文明战胜野蛮、光明驱散黑暗、新人替代旧人。路易斯却说,乐观的现代人,可能只是被一些坏哲学蒙住了眼睛。蒙住了眼睛的现代人,一下子有了自信,仿佛古往今来的所有重大秘密,都在他们的时代彻底揭晓。路易斯常常顺便嘲讽这种"发现意识":

> 基督之真意,对生活在同时代说着同样语言的那些人、祂本人选为使徒的那些人以及使徒的全部后继者,都隐晦不见,最终却在我们自己的时代真相大白。我知道有那么一些人,并不觉得这等事难以置信;恰如总有一些人信心满满地主张,柏拉图或莎士比亚之真意,不知怎地,对他们的同时代人及下一代人都隐晦不见,却为现时代一两位教授的大胆拥抱,一直保持着童身。(本书第三章《我缘何不是和平主义者》第29段)

这种现代人的傲慢,源于天人关系的逆转:人忽然发觉自己才是一切的主宰、一切的法官。路易斯念兹在兹的"古今之别",意在提醒人们:这种"忽然发觉",未必基于事实,可能只是来自某种哲学的幻觉。

如果说"本末之辨"是好哲学的基石,那么"古今之别"则是清除坏哲学的起点:现代人,得从不知从何而起的自我陶醉里清醒过来,才能重新意识到,自己也是"次要之事"。

3. 现代祛魅

根据马克斯·韦伯(Max Weber)的诊断,现代社会的特征之一,是现世的除魅(Entzauberung der Welt)。从此,人只能依靠理性生活在俗世之中。路易斯则试图把韦伯命题翻转过来:真正需要祛魅的,倒是现代自身。彻底驱除了神圣之后,各种假理性之名涌现的现代哲学,成了加在人们身上的咒语:

> 咒语一则用来解除魅惑,一则用来施加魅惑。你我都需要所能找到的最强有力的咒语,以便从加在我们身上将近百年的世俗魅惑(evil enchantment of worldliness)中苏醒过来(本书第一章《荣耀之重》第5段)。

对于自觉以清明之眼打量世界的现代人而言,柏拉图的洞穴隐喻仍然适用。现代人并未来到日光之下，相反，可能走进洞穴更深处。习惯于洞穴的眼睛，将一切源于日光之物斥为虚妄。只要继续留在洞穴之中，只要继续把洞穴当成世界的全部，他就总能找到证据证明日光为虚妄。洞穴人可以拆穿一切。但日光并不因此不是日光，洞穴却因此只是洞穴。在《高下转换》一文里，路易斯构造了一个新的洞穴隐喻：

> 容我编个寓言故事，如何？试想，有女人怀有身孕，却被打入地牢。她在那里生了儿子，苦心抓养。孩子渐渐长大，他只能看到地牢四壁，地面稻草，以及槛窗外的一线天。槛窗太高，除了天空，什么也看不见。这个不幸女人是个艺术家。送入大牢时，她想方设法，带了个绘画本和一盒彩色铅笔。她从未放弃无罪开释的希望，所以她坚持教儿子外面世界的事。要知道，儿子可从未见过外面世界啊。教他，主要靠画画。她靠铅笔，试图让儿子看看田野、河流、山峦、城市以及海浪是什么样子。他是个乖孩子。她告诉他，外面世界远远比地牢中的任何东西都有趣都精彩，他都竭尽全力信她。有时候，他成功了。总体而言，进展还算顺利，直至有一天，

他说了个事，令她吃了一惊。有那么一两分钟，他们都是各说各的。最终她明白过来，这么多年，他一直在误解下生活。"可是，"她倒吸一口气，"你该不会以为，真实世界就充满了铅笔线条吧？""什么？"孩子说，"那里没铅笔印记？"他对外面世界的全部理解，瞬间成为一片空白。因为这些线条，他想象外面世界的唯一凭藉，外面世界却没有。对那竟然排除线条无需线条的世界，线条只是一种"转换"（transposition）的那个世界，他心中没谱——那葱葱树影、粼粼波光，五光十色的三维世界，并非圈在线条之内，其形状变幻莫测随时迁移，尚未有绘画能捕捉其精细与多姿。这孩子将会产生一个念头，真实世界不知怎地没有妈妈的画那样清晰（visible）。而事实上，外部世界之所以没有线条，恰是因为它无比清晰。（本书第四章《高下转换》第23段）

一双习惯于二维图像的眼睛，没办法理解三维世界。一个习惯于贫瘠的心灵，不可能领会世界之丰盈。现代人所受之魅惑在于，各种坏哲学迫使他相信，眼前的贫瘠就是世界的真相。一条只能看见骨头的狗，不会明白上帝、公义、爱情。但你不能说狗错了。因为骨头就是它能看见的全部真实。聪明的现代人,同样看不到上帝、公义、爱情:上帝只是心理现象,公义只是自我保护,爱情只是兽欲之包装,事实之外的一切观念,只不过是大脑中的生化反应。路易斯说,这些聪明人其实是在努力与狗保持同等贫瘠。

以贫瘠为真相,正是该当祛除的现代魅惑。如何祛除呢?路易斯给出了一个至为朴素的药方:读古书。读古书,不是按照某种现代"历史哲学",揭示"历史上的耶稣"、"历史上的孔子",而是心怀诚意就教于古人。古人自有其所不见,但古人也能见今人之未见。一旦长久遮蔽的视野重新开启,人们会以新的眼光重审自身所处的现代村落:

> 有一件事是毫无疑问的:我非常愿意听一个古代雅典人,哪怕是一个愚蠢的雅典人,讲一讲希腊悲剧。他对于我们徒然探求的东西是非常熟悉的。连他自己也意识不到,他的一句偶然的话语就可能向我们指出多少年来一直被现代学者搞错的地方。[1]

---

[1] C. S. 路易斯:《论时代的分期》,见戴维·洛奇编《二十世纪文学评论》下册,葛林等译,上海译文出版社,第160页。

五

接下来的部分,我想以第一人称的方式谈谈路易斯。

研习路易斯,始于 2013 年。那年夏天起,我和军海兄办了几届读书会,与几位小友结伴,阅读、讨论路易斯。一直以来,我把路易斯视为思想解毒的猛药。他所解的,正是我身为现代人所受之魅惑。

从打所谓"现代"降临之际起,人们对"现代"的反省就从未停止。汉语世界对此类思想资源的译介,也已相当丰富。当尼采和韦伯对他们所预见的"现代"加以描述时,已经流露出深邃的忧心。此后,海德格尔对现代"技术"的分析,施米特(Carl Schmitt)对"经济—技术思维"的推演,施特劳斯(Leo Strauss)对现代浪潮的追溯,沃格林(Eric Voegelin)对现代"灵知主义"的清理,以及再晚一些的麦金太尔(Alasdair MacIntyre)对现代道德筹划失败的解读,都为读者提供了丰富的反省现代的洞见。

我读路易斯,始终以这一脉络为参照。上述诸家思想分合,属于另外话题。他们提供的洞见,确实颇多可资互通之处。路易斯在《人之废》里对现代技术的剖析,足可与海德格尔、施米特相参证。他对现代人洞穴困境的揭示,又与施特劳斯第二洞穴之说暗合。甚至,二人重读古书的建议,也所见略同。沃格林断言种种现代哲学的共通病症,是对整全的遮蔽,而路易斯重申上帝、天道,正是意在破除遮蔽。麦金太尔的几本书都在努力论证现代道德哲学只是各自捡拾古典思想的零星碎片,人各奉其碎片为偶像,于是有了现代的道德困境。这个意思,路易斯在《人之废》里表达得更简洁更精警。

还可以一路比附下去。我的意思是,我一直是在哲学,尤其是政治哲学、道德哲学的脉络里阅读路易斯。身为教师,我也一直向小友们讲述这样的路易斯。

前不久,一位毕业小友到家乡教堂参加礼拜。礼拜结束,他找牧师闲谈,得知对方也读路易斯,遂有知音之感。小友就路易斯之思想史意义,大谈一番。不想,他嘴里的路易斯让牧师倍感陌生。在牧师先生看来,路易斯与各路政治哲学扯不上什么关系。路易斯只是一位睿智的老者,用各种办法提醒人们过正当的生活。

小友的经历,让我若有所失,也若有所思。

把路易斯视为哲学家(政治哲学、道德哲学),到底是看懂了他,还是远离了他?牧师先生让我意识到,后者的可能性更大。长期处于哲学亢奋的我,忽视了一个根本问题:路易斯根本不是现代意义上的哲学家。他从来无意构造任何新体系,从来无意打造任何新概念,也从来无意把历史上隐秘思想的勘探当成自己的使命。他一生志业,只是重述耶稣、圣保罗、奥古斯丁,有时还包括孔夫子或苏格拉底的老教诲。他是一位辩论高手,但他无意充当哲学警察。如果不是四处弥漫的坏哲学冲击着人们的灵性生活,他不会有兴趣与之战斗。击败某种哲学,根本不是目的;捍卫正当生活,才是他的目的。而捍卫正当生活,只要认真回顾老教诲就够了,根本无须创造新哲学。正是在这一点上,路易斯与前文提及的哲人完全不同。

本文开篇提及的二战之中的罗尔斯,《正义论》的作者,也可纳入上述哲人的脉络。他们取径虽异,却都意在救济沉疴遍地的现代社会。二十世纪的教训惨痛深重,迫使罗尔斯式的哲人逃离老教诲,寻找新出路。路易斯,则是少数几位有能力也有勇气珍惜老教诲的智者。

所有老教训,都算不得哲学。它们无非是关于正当生活的劝诫。不幸的是,现代人拥有太多哲学。这些哲学,堵住了人们聆听老教诲的路。为了清除路障,路易斯开了几副对症之药。染病的我,把吃药当成了正当生活本身。

或许正因如此,我读到的路易斯,与那位牧师先生完全不同。我的亢奋,可能只是病人的亢奋。子夏曰:"贤贤易色,事父母能竭其力,事君能致其身,与朋友交言而有信。虽曰未学,吾必谓之学矣。"(《论语·学而》)倒是这样一位"未学"之士,可能听到更真切的路易斯的声音。他的正当生活,尚未被"学"污染。

带着这个反省,我重读路易斯,很多从前刻意逃避的段落,逃不过去了。比如,路易斯在《和而不同》里驳斥了现代的"个人主义"、"集体主义"。他说,在现代思想中,个体崇拜与集体主义二分天下,两个错误相辅相成。它们似敌实友,共同摧毁了人的真正尊严。"个人主义"、"集体主义"都是现代病。路易斯那些治病的妙论,曾经让我醍醐灌顶。问题在于,反驳,不是路易斯的目的。清除路障之后,他要重申一种老教诲:

> 受洗之时,基督徒蒙召归入的社群(society),并非

一个"集体"(collective),而是一个"身子"(a Body)。事实上,关于这一身子,自然层面上的肖像(image on the natural level)就是家庭。要是有人把教会里的互为肢体(membership of the Church)误解为低鄙的现代意义上的成员资格(membership)——一群人聚在一起,就像一堆钱币或筹码那样——要是他带着这一理解来到教会,他在踏上门槛的那个当儿,就发觉自己错了。因为他发现,这个身子的头,与有缺欠的肢体(the inferior members)很不相同,除非藉助类比,否则毫无共同之处。我们从一开始就受呼召,以受造物的身份与我们的造物主相连,以必朽之躯与不朽的神相连,以被赎的罪人与无罪的救赎者相连。神的同在,祂与我们之间的交流(interaction),必须永远是我们在教会这"身子"中生活的主导因素,胜过其他一切;任何有关基督徒间彼此团契的观念,若不以与祂的团契为前提,就根本不值一顾。此后,再上下求索与圣灵合一途径之歧异,仿佛就无关紧要了。可是,歧异在那儿明摆着。牧师与平信徒有别,慕道友与那些资深信徒(who are in full fellowship)不同。丈夫对妻子、父母对儿女有权

> 威。其中有一种持续不断的相互服侍,只不过其形式太过微妙,难于条陈。我们一直都既在教人又在学习,既在宽恕别人又为人宽恕,为人代求时我们向人展现基督,有人为我们代求时我们又向基督代表人。每日要求我们牺牲私密(the sacrifice of selfish privacy),每天都在这个身子的生命所鼓励的真正的个性成长之中,得到了百倍之回报。互为肢体的人,相互之歧异,有如耳之于手。这就解释了,世俗之徒为何千人一面,而圣徒则姿态万千。顺服乃自由之路,谦卑乃喜乐之路,合一乃个性之路。(本书第七章《和而不同》第9段)

"肢体说"的意思是,蒙召的基督徒共在同一个"身子"之内。他们既不是孤立的散沙,也不是沙聚的泥块。每人都是"身子"的一部分,互为肢体的人们,在各自的位置上完成使命,获得个性,乐享荣耀。

这样斩钉截铁的老教诲,我不曾在那些创建新说的哲学书里读到。因此,创建新说的哲学家不会令我惊惶失措。路易斯会。他让我俯首赞叹,也让我不知如何是好。

六

2013年底,军海兄动念译介路易斯。这本《荣耀之重》,是第四部译稿。我有幸,总能第一时间读到他的译稿,因此也能近距离感受他翻译之艰辛。翻译路易斯,军海兄投入全部精力。用我的话说,不是在翻译,而是在侍奉。

侍奉路易斯的邓军海,每结束一部译稿,都大喊"透支"。过不了多久,他又重新投入侍奉之中。读完《荣耀之重》,我决定为军海兄代劳,写一篇介绍性文字。深夜秉笔,有那么一刻,感到自己和军海兄正在作为"肢体"为一个伟大的"身子"作工。暗夜青灯,心头隐隐有一份荣耀之重。

2015年6月15日凌晨于无锐斋

译后记

《荣耀之重》,乃路易斯之讲演集,大部分作于二战期间。其中《高下转换》、《荣耀之重》、《和而不同》、《战时求学》及《话圈内》五篇,1949 年,以《高下转换》(*Transposition and Other Addresses*)为题,由英国伦敦的 Geoffrey Bles 出版。同年,其美国版本,则以《荣耀之重》(*The Weight of Glory: and Other Addresses*)为题,由纽约的 Macmillan 出版。

拙译之底本乃美国版本,系纽约的柯林斯出版社(HarperCollins Publisher) 1980 年的修订本。编者沃尔特·胡珀(Walter Hopper)牧师,也即路易斯生前秘书,增收《我缘何不是和平主义者》、《神学是诗?》、《论赦免》及《说漏了嘴》四文,并写了一个编者序言。因未联系到版权,编者序言未译。

发心译《荣耀之重》,乃因阅读华东师范大学出版社2006年出版的《从岁首到年终:路易斯经典选粹》一书。该书由何可人与汪咏梅合译,其最新版本更名为《聆听智者:与C.S.路易斯相伴365日》。其中摘选了《荣耀之重》里诸多精彩片断。因是摘译,断章取义之处,便在所难免。首先是为了让译者自己一窥全豹,2014年9月动翻译之念。

翻译计划得到华东师范大学出版社倪为国先生的热情支持。倪先生,是个妙人。他说,路易斯很重要,尤其对现代中国,理应让更多的中国读者更多地阅读路易斯。他对我好像很放心,屡屡热情洋溢地说要全力支持我,不计成本。可不才如我,又如何担当得起此番厚意?既然说个谢字,总显得有些空乏,那就埋头干活吧。

自2008年译过一本书后,曾经下定决心,今生今世不再译书。因为,翻译之劳神费力,两倍于写书。写书,不懂的地方,绕过去,读者不知道;译书,绕不过去。还有,翻译现今根本不算所谓"学术成果"。然而却译了,而且是兴致勃勃地译。这不是出尔反尔,而是感激。感激路易斯,当我"四十而惑",当"我在人生的中途,我发现我已经迷失了正路,走进了一座幽暗的森林",给我带来的震撼与光明。

自2014年元旦发心翻译路易斯之时起,我就基本再未承担过任何家务。家里的里里外外,均由拙荆郑雅莉一人照应。日子单调而又多彩。单调,因终日对路易斯亦步亦趋,无暇旁顾;多彩,则因"一入路门深如海",亦步亦趋才是流连胜境。2014年间,我译了路易斯的四本书。前三本分别是《切今之事》、《人之废》和《文艺评论的实验》(重译本),这是第四本。有一天,孩子怯生生地对我说,我已很长时间没陪她玩了。

译大师之作,很难。译路易斯,自然也不例外。故而,时常需要一些鞭策和激励,亦需要跟人倾诉些子苦恼分享些子喜悦。此时,吾友杨伯往往首当其冲。拙译初稿里几个难译之词,系跟他共同商定;一些激动人心的片段,曾与他分享;几则互证文字,则由他提供。至于代劳为拙译作序,则系他通读译稿后,再也掩抑不住内心激动——他说,他也要侍奉一下路易斯。译稿除普亦欣校订外,王珊珊与拙荆郑雅莉均曾对照英文,逐字审核,王珊珊还贡献了几条可贵的互证文字。

2014年11月下旬,老家某医院断定,母亲身染沉疴。长兄让我回家。我不服,接年过八旬的老母,来津瞧病。拙译即成稿于陪母亲来往医院的三个月间。那段日子,焦虑忐忑,时时而有。感谢上苍,母亲挺过来了。前几天,母亲在老家给一位堂兄说,看来她要活九十岁,还发愁了。兹以拙译献给健在的母亲,献给过世的父亲。

想念母亲,更想念父亲。

2015年6月7日星期日

于津西小镇楼外楼

图书在版编目(CIP)数据

荣耀之重：暨其他演讲/(英)C. S. 路易斯著；邓军海译注；普亦欣校. —上海：华东师范大学出版社，2016.1
ISBN 978-7-5675-4141-2

Ⅰ.①荣… Ⅱ.①路…②邓… Ⅲ.①思想史—中国—现代—文集 Ⅳ.①B26-53

中国版本图书馆CIP数据核字(2015)第229603号

华东师范大学出版社六点分社
企划人 倪为国

本译参照英文版本 HarperOne 2001 年版
本书著作权、版式和装帧设计受世界版权公约和中华人民共和国著作权法保护

路易斯著作系列
荣耀之重：暨其他演讲

著　者	(英)C. S. 路易斯
译注者	邓军海
校　者	普亦欣
责任编辑	倪为国　何花
封面设计	姚荣
出版发行	华东师范大学出版社
社　址	上海市中山北路3663号　邮编　200062
网　址	www.ecnupress.com.cn
电　话	021-60821666　行政传真　021-62572105
客服电话	021-62865537
门市(邮购)电话	021-62869887
地　址	上海市中山北路3663号华东师范大学校内先锋路口
网　店	http://hdsdcbs.tmall.com
印刷者	上海中华印刷有限公司
开　本	787×1092　1/32
插　页	4
印　张	9
字　数	155千字
版　次	2016年1月第1版
印　次	2024年7月第4次
书　号	ISBN 978-7-5675-4141-2/B·974
定　价	45.00元
出版人	王焰

(如发现本版图书有印订质量问题，请寄回本社客服中心调换或电话021-62865537联系)